HVH

Bibliografische Information der Deutschen Nationalbibliothek
Die Deutsche Nationalbibliothek verzeichnet diese Publikation in der Deutschen Nationalbibliografie; detaillierte bibliografische Daten sind im Internet über http://dnb.de abrufbar.

Dietmar J. Wetzel
Maurice Halbwachs
Klassiker der Wissenssoziologie, 15
Halem: Köln 2023

2., überarbeitete Auflage

Die Reihe *Klassiker der Wissenssoziologie* wird herausgegeben von Prof. Dr. Bernt Schnettler.

ISSN 1860-8647

ISBN (Print): 978-3-7445-2067-6
ISBN (PDF): 978-3-7445-2068-3
ISBN (ePub): 978-3-7445-2069-0

Den Herbert von Halem Verlag erreichen Sie auch im Internet unter http://www.halem-verlag.de
E-Mail: info@halem-verlag.de

EINBAND: Herbert von Halem Verlag; Susanne Fuellhaas, Konstanz
SATZ: Herbert von Halem Verlag
LEKTORAT: Julian Pitten
Druck: docupoint GmbH, Magdeburg

Klassiker der Wissenssoziologie

Dietmar J. Wetzel

Maurice Halbwachs

HERBERT VON HALEM VERLAG

Inhalt

Vorwort 8

I. Einleitung 9

II. Maurice Halbwachs: ein passionierter Wissenschaftler und politisch engagierter Intellektueller 17

Kindheit und Jugend, Zeit der Ausbildung (1877 - 1901) 18

Beginn der Forschungskarriere: zwei Aufenthalte in Deutschland (1902 - 1910) 20

»J'étais assez maître de mon allemand« – eine Ausweisung 24

Die Zeit des Ersten Weltkriegs 26

Professor in Straßburg: Zeit des Austauschs und der Produktivität (1919 - 1935) 28

Zur Situation der Straßburger Universität 29

Germanophilie und Interdisziplinarität mit Grenzen 32

Professuren an der Sorbonne und Zweiter Weltkrieg (1935 - 1943) 37

Collège de France, Déportation und Tod in Buchenwald (1944 - 1945) 40

III. Denken im Kontext: Halbwachs' wissenschaftliches Milieu 42

Die Année sociologique 43

Halbwachs und die Durkheim-Schule 44

Die Mitarbeit in der Annales: *M. Bloch und L. Febvre* 46

Soziologie und Geschichtswissenschaft 48

Soziologie und Psychologie 49

Soziologie und Geografie (soziale Morphologie versus Humangeografie) 50

Soziologie und Wirtschaftswissenschaften 51

Die Annales sociologiques *(1934-1942)* 52

IV. Einflüsse, Lehrer und Weggefährten 54

Henri Bergson 54

Émile Durkheim 57

François Simiand 59

Marcel Mauss 61

Charles Blondel 63

V. Hauptwerke: Drei Studien zum kollektiven Gedächtnis 66

Das Gedächtnis und seine sozialen Bedingungen (1925) 67

Stätten der Verkündigung im Heiligen Land. Eine Studie zum kollektiven Gedächtnis (1941) 75

Das kollektive Gedächtnis 84

VI. Zentrale Aspekte des Gesamtwerks 94

Soziologie und kollektive Psychologie 94

Soziologie der sozialen Klassen und der Lebensweisen 96

Soziologie und Ökonomie 98

Soziologie des Selbstmordes 100

Soziologie der sozialen Morphologie 103

VII. Halbwachs' Vermächtnis 108

Sterben und Tod 108

Was bleibt? 111

VIII. Wirkungen und Aktualität 114

Gedächtnis, Erinnerung und Vergessen 115

Wirtschafts- und Arbeitssoziologie 120

Stadt, Klasse und Sozialstruktur/soziale Morphologie 121

Fazit 122

IX. Literatur 125

Primärliteratur: Bücher von Maurice Halbwachs 125

Aufsätze, Rezensionen und Vorträge von Maurice Halbwachs 126

Auswahlbibliografie und Sekundärliteratur 128

X. Zeittafel 145

Danksagung 148
Zum Autor 148
Sachregister 149
Personenregister 153

Vorwort

Die vorliegende Einführung zu Leben und Werk (sowie dessen Rezeption) von Maurice Halbwachs ist im Jahr 2009 erfreulicherweise zum ersten Mal im UVK-Verlag veröffentlicht worden. Knapp 15 Jahre später schien dem Autor und dem Herbert von Halem Verlag eine zweite Auflage sinnvoll zu sein. Vor allem sind in den letzten Jahren eine ganze Reihe einschlägiger Arbeiten erschienen, die in den Text und in das Literaturverzeichnis eingearbeitet worden sind. Dabei wurden insbesondere der deutsch-, der französisch- und der englischsprachige Publikationsraum berücksichtigt. Zudem wurden kleinere Fehler getilgt und an verschiedenen Stellen inhaltliche Korrekturen und Ergänzungen vorgenommen.

Gerade im Hinblick auf die fortlaufende Rezeption der Arbeiten von Halbwachs jenseits dessen klassischen Gedächtnisstudien wünsche ich dem Band weiterhin eine interessierte und vor allem auch inter- und multidisziplinär aufgeschlossene Leserschaft. Dass sich die Auseinandersetzung mit Halbwachs und dessen im Kontext der französischen Soziologie der ersten Hälfte des 20. Jahrhunderts entstandenen Schriften ganz offensichtlich lohnt, belegen eindrucksvoll die vielen, kaum mehr überschaubaren Publikationen, Tagungen und Vorträge.

Dietmar J. Wetzel,
Bern und Hamburg, im September 2023

1. Einleitung

> »Tatsächlich bin ich der Überzeugung, dass ein wissenschaftliches Unternehmen, wie es durch den Tod eines Gelehrten wie Maurice Halbwachs unterbrochen wurde, darauf wartet, geradezu danach verlangt, fortgeführt zu werden.« (Pierre Bourdieu)

Diese Worte schrieb der französische Soziologe Pierre Bourdieu (1930-2002) in seiner Hommage *Die Ermordung von Maurice Halbwachs* (orig. 1987). Inspiriert von dieser Aussage möchte der vorliegende Band einen Beitrag dazu leisten, diesen faszinierenden französischen Gelehrten und politisch interessierten Intellektuellen einem breiteren Lesepublikum bekannt zu machen. Halbwachs hat in der ersten Hälfte des 20. Jahrhunderts gewirkt und überaus beeindruckende Arbeiten auf dem Gebiet der Sozial – und Kulturwissenschaften hinterlassen. Dennoch war er, mit Ausnahme seiner Studien zum kollektiven Gedächtnis, jahrzehntelang (zumindest im deutschsprachigen Raum) so gut wie vergessen, was umso bemerkenswerter erscheint, als er doch eine große Bandbreite an immer wieder aktuellen Themen in seinem Werk behandelte: von der kollektiven Psychologie zur sozialen Morphologie, von Klassen- und Bedürfnislagen nicht nur im streng soziologischen Sinne, vom Selbstmord zu Fragen der Demografie, von der Stadtsoziologie zu Fragen des Zusammenspiels zwischen Statistik und Soziologie. Besonderes Augenmerk gilt im vorliegenden Band dem Erschließen seiner Ideen, Positionen, Argumente und Texte aus einem wissenssoziologischen Blickwinkel. Eine wichtige Rolle, die Halbwachs während seiner intellektuellen Tätigkeit gekonnt und wie fast kein Zweiter in der damaligen Zeit spielte, ist die des Multiplikators der Arbeiten bedeutender ausländischer Autoren in Frankreich: Max Weber, Werner Sombart, Thorstein Veblen, Robert E. Park, Ernest Burgess und John Maynard Keynes verdanken ihre Rezeption in der französischen Soziologie zu einem nicht geringen Teil den Bemühungen Maurice Halbwachs' (MONTIGNY 2005: 3).

Maurice Halbwachs führte ein intellektuell reiches Leben, das mit seinem Tod im Konzentrationslager Buchenwald im Jahr 1945 ein überaus tragisches Ende erfuhr. International bekannt wurde er in den letzten beiden Jahrzehnten des 20. Jahrhunderts hauptsächlich als Theoretiker des kollektiven Gedächtnisses. Die in der jüngsten Vergangenheit vor allem von den Kulturwissenschaften im deutschen und im englischen Sprachraum vorangetriebene Rezeption der soziologischen Gedächtnistheorie von Halbwachs führte allerdings zur Vernachlässigung seiner anderen Arbeiten. Diesen verkürzten und einseitigen Blick auf Halbwachs korrigiert und ergänzt die vorliegende Einführung mit einer Analyse der Arbeiten zur sozialen Klasse und zu deren Lebensweisen, zur Statistik, zur sozialen Morphologie, zum Zusammenspiel zwischen Soziologie und kollektiver Psychologie und auch zum Selbstmord (Abschnitt VI). Dies geschieht nicht zuletzt, um die Produktivität und Originalität des französischen Denkers in diesen Feldern einführend unter Beweis zu stellen.

Methodisch orientiert sich diese Arbeit an der von Lothar Peter ausgearbeiteten Methodologie soziologiegeschichtlicher Forschung (PETER 2001). Peter unterscheidet systematisch zwischen einer ›sozialen‹ (institutions- und akteursorientierte Aspekte), einer ›kognitiven‹ (wissenschafts- und soziologiehistorischer Kontext, Theoriebezüge) und einer wirkungsgeschichtlichen Dimension. Vor der Folie einer solchen Einteilung erschließt dieser Band Halbwachs' Werk in einführender und systematischer Art und Weise.

Für Frankreich ist seit Beginn des 21. Jahrhunderts ein vermehrtes Interesse an Halbwachs auch in biografischer und systematischer Absicht zu verzeichnen. Zu nennen sind vor allem die Biografie von Annette Becker (2003), *Maurice Halbwachs. Un intellectuel en guerres mondiales 1914-1945*, die Arbeit von Gilles Montigny (2004), der Sammelband von de Montlibert (1997) und der instruktive Überblick von Marcel (2001). Demgegenüber existiert in Deutschland bislang außer einigen wenigen Überblicken keine Biografie und Werkanalyse in systematischer Absicht. Ein an der Biografie und dem wissenschaftlichen Milieu orientierter Ansatz verdeutlicht in einem ersten Zugang, warum und inwiefern Maurice Halbwachs neben Marcel Mauss, Robert Hertz und François Simiand als einer der bedeutendsten Sozialwissenschaftler Frankreichs der ersten Hälfte des 20. Jahrhunderts gelten muss. Präsentiert wird ein Sozialforscher par excellence, der in unmittelbarer Nachfolge von Durkheim dessen Arbeiten konsequent weiterführte, letztlich aber auch veränderte. Methodologisch u.a. an dem Ökonomen Simiand und dessen Arbeiten zur Statistik orientiert, vermochte Halbwachs die wirtschaftlichen Verhaltensweisen im Rahmen konkreter gesellschaftlicher Gruppen empirisch zu erforschen (Abschnitte I und II).

Nicht zu unterschätzen sind die Einflussnahmen und Wirksamkeiten einiger Persönlichkeiten, mit denen Halbwachs zeit seines Lebens im Sinne von Lehrern, Freunden, Kollegen und Weggefährten Bekanntschaft machte. Seine wichtigsten Lehrer waren zweifellos der Philosoph Henri Bergson und der Soziologe Émile Durkheim. Im Grunde genommen dienten sie Halbwachs stets als (kritische) Bezugspunkte, und zwar sein ganzes intellektuelles Leben lang. François Simiand und Marcel Mauss, die beide zur Speerspitze der Durkheim-Schule zählen, waren mit Halbwachs befreundet, aber eben auch Konkurrenten, wenn es beispielsweise um die Ausrichtung des Durkheim'schen Erbes ging (Abschnitt III). Charles Blondel schließlich konkurrierte mit Halbwachs in dessen Straßburger Zeit (1919-1935) um ein angemessenes Verständnis der Sozialpsychologie, respektive um die Abgrenzung zwischen Soziologie und (kollektiver) Psychologie.

Nach einer Darstellung der Halbwachs'schen intellektuellen Persönlichkeit sowie deren Einbettung in das wissenschaftliche Umfeld und die ihn prägenden Persönlichkeiten werden die zentralen Aspekte seiner drei fundamentalen Gedächtnisstudien herausgearbeitet. Sie gelten zu Recht als das Herzstück der von Halbwachs passioniert betriebenen Soziologie. In diesen Arbeiten zur Soziologie und Sozialpsychologie des Gedächtnisses – *Les cadres sociaux de la mémoire* (1925a), *La topographie légendaire des évangiles en Terre sainte* (1941) sowie *La mémoire collective* (1950, posthum erschienen) – gelang es Halbwachs, als dem ersten wirklich empirisch arbeitenden Soziologen der französischen Schule, zu zeigen, dass es sich bei Erinnerungen an die Vergangenheit wesentlich um Rekonstruktionen im Lichte der Gegenwart handelt. Statt einer verkürzten, weil individualistischen Sichtweise, für die vor allem Halbwachs' ehemaliger Lehrer Henri Bergson steht, zeigte Halbwachs im Rahmen seiner ›kollektiven Psychologie‹ auf, in welcher Art und Weise das kollektive Gedächtnis kein Archiv ist, das die Ereignisse als Kopie ablegt und als Erinnerung beliebig abrufbar macht. Vielmehr werden diese Ereignisse im Prozess des Erinnerns bearbeitet, indem gewisse Erlebnisse ausgewählt, dadurch aber auch stets verformt werden. Andere Ereignisse geraten vollkommen in Vergessenheit. Kollektive Gedächtnisse, so argumentierte Halbwachs ab den 1920er-Jahren immer wieder, garantierten ihren Trägern den Zusammenhalt in der Gegenwart und sicherten zudem eine Kontinuität, die in die Zukunft verweise. Gerade wenn sich kollektive Gedächtnisse als konstitutiv für soziale Gemeinschaften (Familie, religiöse Gruppen, soziale Klassen) erwiesen, setzten sie allfälligen sozialen Unbeständigkeiten eine Form der Dauerhaftigkeit entgegen. Eine konkrete Anwendung seiner Überlegungen zum kollektiven Gedächtnis legte Halbwachs mit seiner bislang nicht so sehr bekannten Arbeit zu den *Stätten der Verkündigung im Heiligen Land* (dt. 2003) vor. Hier interessierten ihn die Gedächtnisorte, die den Lebens- und Leidensweg von Jesus Christus nachzuzeichnen helfen. Im Sinne einer praktischen Anwendung belegt diese Gedächtnisstudie die Bedeutsamkeit materieller Strukturen für soziale Gruppen, mitunter für ganze Bevölkerungen (Abschnitt IV).

Neben diesen, bereits ins kollektive Gedächtnis der Kultur- und Sozialwissenschaften eingegangenen Gedächtnisstudien bearbeitete Halbwachs – wie bereits angedeutet – eine große Anzahl sozialwissenschaftlicher Themen aus einer interdisziplinären Perspektive. Wie zuvor bei den Studien zum kollektiven Gedächtnis begegnen wir hierbei einem Autor, der durch seine schier unerschöpfliche Neugier ebenso besticht wie durch ein gleichfalls klares Bewusstsein bezüglich der durch Durkheim begonnenen, aber keineswegs abgeschlossenen Formierung der Soziologie als eigenständiger Disziplin. Bis zu seinem frühen Tod im Jahr 1917 setzte Durkheim mit einiger Beharrlichkeit, nicht zuletzt mit der Gründung einer eigenen Zeitschrift (*Année sociologique*) und dem damit verbundenen Aufbau einer eigenen Schule, je eigene Gebietsansprüche der Soziologie erfolgreich durch. Bei Halbwachs scheinen jedoch dogmatische Absichten, die Durkheim unverkennbar vertreten hatte (weil er dies im Kampf um disziplinäre Abgrenzungen auch musste), zugunsten einer produktiven Orientierung an den Nachbardisziplinen, also Psychologie, Ökonomie, Geschichte und Geografie, weitgehend verschwunden zu sein. Dieses multiperspektivische Vorgehen zeigt sich bereits bei den früh von Halbwachs aufgeworfenen Fragen nach den sozialen Klassen und ihren Bedürfnissen. Überzeugend erbrachte Halbwachs hier den Nachweis, wonach die Wahrnehmung menschlicher Bedürfnisse dezidiert von der jeweiligen Klassenlage abhänge (HALBWACHS 1913). Eine ›Soziologie der Bedürfnisse‹ und verschiedener Lebensstile (*genres de vie*) verband Halbwachs in origineller Weise mit morphologischen, materiellen und geistigen Strukturen zu den ›sozialen Kategorien‹, in deren Rahmen sich menschliches Verhalten abspielt. Anhand einer sozio-ökonomischen Analyse der Familienbudgets machte Halbwachs beispielsweise deutlich, dass der Konsum für ein komplexes soziales Geschehen steht, also keineswegs nur Verbrauch, soziale Existenz, Geschmack und Vorlieben meint; vielmehr gehen Arbeitsbedingungen, Familie, Traditionen und Werte in ihn ein (vgl. dazu KRÄMER 1999). Insbesondere die für Halbwachs wichtige soziale Morphologie setzt sich mit den Spuren auseinander, die der Mensch in Raum und Zeit erzeugt und hinterlässt.[1] Zudem erfuhr die von Durkheim durchgeführte Studie zum Selbstmord durch Halbwachs eine quantitative Erweiterung und theoretische Vertiefung (HALBWACHS 1930). In einer Reihe von kleineren Arbeiten setzte sich Halbwachs mit seinen theoretischen Wurzeln und seinen intellektuellen Weggefährten auseinander (HALBWACHS 2001d), was nicht zuletzt der Vergewisserung der eigenen Position diente (Abschnitt V).

Das Sterben und der tragische Tod Halbwachs' im KZ Buchenwald sind Gegenstand historischer, aber auch künstlerischer Arbeiten geworden, allen voran zu nennen sind jene des spanischen Schriftstellers Jorge Semprún. Semprún umkreiste nach jahrzehntelangem Schweigen in mehreren Büchern das Sterben von Maurice Halbwachs. Als junger spanischer Student hatte Semprún in den 1940er-Jahren bei Halbwachs an der Sorbonne studiert; in seinen erst vier Jahrzehnte später publizierten Büchern schildert er die tragische Wiederbegegnung mit seinem Lehrer, der bis zum Schluss gegen die unmenschlichen Bedingungen in Buchenwald heldenhaft ankämpfte. Von diesem verzweifelten Überlebenskampf legen ebenso zwei Zeichnungen des russischen Künstlers Boris Taslitzky ein beeindruckendes Zeugnis ab. Das Sterben Maurice Halbwachs' ist nicht zuletzt durch diese literarischen und bildnerischen Arbeiten mit einiger Vehemenz ins kollektive Gedächtnis der Überlebenden eingedrungen (Abschnitt VI).

Abschließend widmet sich der Band der überaus reichen, wenn auch – zumindest bis in die letzten Jahre hinein – se-

1 Vgl. dazu den von Henning Schmidgen herausgegebenen Band *Georges Canguilhem: Über Maurice Halbwachs* (2022).

lektiven Rezeption (vgl. dazu EGGER 2003). Halbwachs' Arbeiten haben einen enormen Einfluss auf gegenwärtige Studien bezüglich der Rolle des kollektiven Gedächtnisses (und des kollektiven Vergessens) entwickelt, sowohl im kontinuierlichen Verlauf als auch beim sozialen Wandel (WETZEL 2011). Die diesbezügliche Rezeption fand lange Zeit hauptsächlich jenseits der Soziologie, genauer in den Geschichts-, Literatur- und Kulturwissenschaften (vorangetrieben durch Pierre Nora, Aleida und Jan Assmann) statt. Als analytisch bedeutsam und noch näher zu beleuchten erweisen sich die Differenzierungen des kollektiven Gedächtnisses in ein »kommunikatives« und ein »kulturelles Gedächtnis« (J. Assmann) sowie Arbeiten zum Begriff des »sozialen Gedächtnisses« (WELZER 2001). Neuere Forschungen zu Halbwachs und Übersetzungen ins Deutsche zeigen vermehrt, dass das Potenzial einer von Halbwachs intendierten ›Wissenschaft vom Menschen‹ weit über die kulturwissenschaftliche Rezeption (und teilweise deren Vereinnahmung) des Gedächtnisses und der Erinnerung hinausreicht. Zu einer Intensivierung der Rezeption hat in dieser Hinsicht die verdienstvolle Arbeit der UVK-Reihe beigetragen. Die darin erschienenen sieben Bände (2001-2003) erschließen keinen völlig anderen, aber doch einen sehr vielfältigeren Halbwachs, als er gemeinhin der soziologischen Disziplin und den kulturwissenschaftlichen Fächern bekannt sein dürfte (vgl. dazu WETZEL 2004, 2009) (Abschnitt VII).

Mit seinen wissenschaftlichen Arbeiten und mit seinem politischen Engagement (sich selten in spektakulären Protesten äußernd) leistete Halbwachs enorm viel für die Öffnung der Französischen gegenüber der internationalen Soziologie – vor allem der aus Deutschland und aus den USA – zwischen den beiden Weltkriegen und darüber hinaus (SIMON 2008: 407). So sorgte er für die Rezeption und Verbreitung wichtiger ausländischer Autoren ebenso wie für das produktive Weiterdenken des Erbes von Émile Durkheim. Die gegenwärtig zumindest latent zu beobachtende Geschichtsvergessenheit, die potenziell zu einer Bedrohung des kulturellen Gedächtnisses führen könnte, steht als Drohgespenst am Horizont nicht nur unserer europäischen Gesellschaften, sondern auch als konkrete Warnung an uns als Vertreter:innen der Geistes- und Sozialwissenschaften. Gerade hier können Leben und Werk von Maurice Halbwachs als exemplarisches Beispiel dafür dienen, wie ein beharrliches Festhalten an Idealen und Überzeugungen zu einem wahrhaften Projekt einer ›Wissenschaft vom Menschen‹ im besten Sinne des Wortes beitragen.

II. Maurice Halbwachs: ein passionierter Wissenschaftler und politisch engagierter Intellektueller

»Um es ganz deutlich zu sagen: Während viele sogar auf ihrem eigenen Gebiet bedeutende Wissenschaftler die Tendenz haben, sich mehr und mehr darin einzuschließen und damit die leichte Beute einer gefährlichen Indifferenz gegenüber den politischen, sozialen und infolgedessen auch moralischen Lebensbedingungen ihrer Zeit gegenüber den praktischen Folgen ihres Wissens werden, war die Wissenschaft von Maurice Halbwachs aufgrund einer Konjunktur, welche die Regel sein sollte, in Wahrheit aber selten war, durchdrungen von Gewissen und Menschlichkeit« (FRIEDMANN 1978: 201). Halbwachs entwickelt sich im Laufe seines Lebens zu einem ebenso passionierten Wissenschaftler wie auch zu einem politisch engagierten Intellektuellen. Über die dabei durchlaufenen wichtigsten *Stationen* wird nachfolgend berichtet.

Vorab gilt es ein Missverständnis auszuräumen. Maurice Halbwachs ist, wie fälschlicherweise öfters behauptet wird, kein Jude. Er entstammt vielmehr einer katholischen Familie; er selbst bezeichnet sich als Agnostiker (CHARLE 1986: 101). Richtig ist allerdings, dass er sich zeitlebens für das Judentum interessiert. Dies ist bereits vor seiner Begegnung mit seiner Ehefrau Yvonne Basch der Fall. Seit ihrer Heirat im Jahr 1913 lebt Halbwachs dieses Judentum mit seiner Frau und seiner Familie (BECKER 2003: 75).

Kindheit und Jugend, Zeit der Ausbildung (1877 - 1901)

Der am 11. März 1877 in Reims als Sohn des in Séléstat tätigen Deutschlehrers Gustave Halbwachs (1845 - 1906) und dessen aus Belfort kommender Frau Félicie Halbwachs, geb. Clerc, (1855 - 1940) geborene Maurice Louis Halbwachs entstammt einer deutsch-elsässischen Beamtenfamilie. Maurice ist das Zweite von vier Kindern. Sein älterer Bruder Georges wird später General, Marcelle Lehrerin und Jeanne erwirbt die Agrégation in Philosophie (CHARLE 1986: 99). Der Vater optiert nach der Annektierung des Elsass in Folge der Niederlage Frankreichs 1871 für Frankreich. Zwei Jahre nach der Geburt von Maurice zieht die Familie nach Paris, sodass der junge Halbwachs in einer an- und aufregenden Welt der Beamten, Lehrer und Pariser Intellektuellen aufwächst (COSER 1992). In Paris wird der bereits als talentiert und neugierig geltende Halbwachs Schüler der renommierten Gymnasien Michelet und Henri IV. Hier trifft er auf den später berühmten Philosophen Henri Bergson (1859 - 1941), der für ihn rasch Bedeutung als Philosophielehrer in der Vorbereitungsklasse für die Elite-Universität École Normale Supérieure (ENS) gewinnt. Der anfangs als bewunderter Lehrmeister und später als kritischer Gegenpart wichtige Bergson, erweist sich als erster großer Einfluss auf das Denken von Halbwachs. So erscheint es keinesfalls zufällig, dass sich dieser vorerst für eine Karriere in der Philosophie entscheidet. Zu den prägenden Lektüren in der Jugend zählen Jules Verne, Stendhal und immer wieder Honoré de Balzac (ALEXANDRE 1949: 3 u. 7).

Von 1898 bis 1901 besucht Halbwachs die elitäre und extrem konkurrenzorientierte École Normale Supérieure (ENS), dies zu einer Zeit, als die Dreyfus-Affäre ihren Höhepunkt erreicht (vgl. dazu JURT 2000). Besonders die Studenten und Professoren sympathisieren mit den Linken. In diesem politisierten Kontext wird der aufstrebende Halbwachs zu einem lebenslangen Reformsozialisten, ganz in der Tradition ihres großen Anführers Jean Jaurès (1859 - 1914) (COSER 1992: 4). Gleichzeitig entwickelt er sich zu einem politisch engagierten Intellektuellen, wie seine Biografin Annette Becker (2003: 154) schreibt: Halbwachs »erreicht seine intellektuelle Reife genau zum Zeitpunkt der Dreyfus-Affäre, was ihn zu einem perfekten Vertreter des französischen engagierten Intellektuellen macht. Zuerst Dreyfus-Anhänger und danach Sozialist, wird Halbwachs genau in dem Moment zum Intellektuellen, als die Figur des Intellektuellen überhaupt geboren wird«.[2]

Die Dreyfus-Affäre löst gegen Ende des 19. Jahrhunderts eine der größten innenpolitischen Krisen Frankreichs aus. Ausgangspunkt ist ein Prozess gegen den französischen Hauptmann jüdischer Abstammung Alfred Dreyfus, der wegen Hochverrats und Spionage angeklagt wird. Nach einem schnellen Prozess degradiert, verurteilt das Gericht Dreyfus zu einer lebenslänglichen Deportation. In der Zwischenzeit verstärken sich die antisemitischen Stimmen nicht nur innerhalb der Armee, sondern auch in den höchsten gesellschaftlichen Kreisen. Obwohl sich die zur Verurteilung von Dreyfus führenden Beweise schnell als falsch erweisen, wird das Urteil nicht revidiert. Der politische Skandal ist perfekt. Der Schriftsteller Émile Zola nimmt in einem offenen Brief an den Präsidenten – *J'accuse* – gegen die Verurteilung vehement Stellung und verursacht damit eine Welle von Protesten und öffentlichen Debatten im ganzen Land. Schließlich führt dies im Jahr 1906 zum Freispruch und zur vollständigen Rehabilitation Dreyfus'. Aus der ganzen Affäre resultieren weitreichende Konsequenzen für Frankreich. So konsolidieren sich im Laufe der öffentlichen Auseinandersetzungen mehrere politische Gruppierungen, die gesellschaftlich und politisch an Einfluss gewinnen. In dieser Zeit werden verschiedene Organisationen gegründet, die bis heute von Bedeutung sind: die Parti Radical, die Parti Socialiste, die Gewerkschaft CGT sowie die rechtsextreme Bewegung Action Française, um nur die Wichtigsten zu nennen. Nicht zu unterschätzen ist das damit einhergehende

2 Soweit nicht anders angegeben, stammen alle Übersetzungen der Zitate vom Autor.

und neu entstandene Selbstbewusstsein der französischen Intellektuellen, die nach diesen Ereignissen ihre Macht und Einflussmöglichkeiten auf das politische Geschehen spüren und davon noch oftmals Gebrauch machen sollten (PROCHASSON 1993; MOEBIUS 2006b: 36f.).

Zu Halbwachs' intellektuellen Bezugspersonen gehören in diesen Tagen vor allem drei Mitstreiter: Charles Peguy (1873-1914), der zeitweise die Sozialistische Partei als Schriftsteller inspiriert und sich später (wieder) dem Katholizismus zuwendet; Lucien Herr (1864-1914), Bibliothekar und Leiter der ENS mit großem Einfluss auf die *Normaliens*, also die Absolventen der Eliteschule, und schließlich Jean Jaurès (1859-1914), der charismatische Anführer der Sozialistischen Partei. Zusammen mit Aristide Briand und Marcel Mauss gründet Jaurès deren Parteiorgan, die heute noch renommierte sozialistische Zeitung *l'Humanité*, zudem zeichnet Jaurès als Initiator verschiedener politischer Zeitschriften verantwortlich. Ab 1899 gehört Halbwachs der von Lucien Herr in der Rue d'Ulm gegründeten *Groupe de l'unité socialiste* an (MARTIN 2003: 146).

Im Jahr 1901 erlangt Halbwachs die Agrégation in Philosophie und arbeitet fortan im Schuldienst an Gymnasien in der Provinz. Zuerst unterrichtet er von Dezember 1901 bis Mai 1902 im algerischen Constantine, anschließend bis Oktober 1902 dann in Montpellier. Damit verfolgt er eine naheliegende Karriere, die ihm wie vielen späteren Universitätsprofessoren als übergangsweise ausgeübte Tätigkeit ein regelmäßiges Einkommen sichert.

Beginn der Forschungskarriere: zwei Aufenthalte in Deutschland (1902-1910)

Das Jahr 1902 kann als eigentlicher Beginn der Forschungskarriere Halbwachs' verstanden werden (KRÄMER 1999: 262). Er erhält den Posten als Lektor an der prosperierenden Göttinger Universität und ist dort als Mitglied der deutsch-französischen

Kommission für die internationale Herausgabe der Schriften des Philosophen Gottfried Wilhelm Leibniz zuständig. Genauer arbeitet Halbwachs, der inzwischen perfekt Deutsch spricht, »an der Vorbereitung des Katalogs der Manuskripte von Leibniz« (FRIEDMANN 1978: 201). Sein erstes, schmales, 1907 erschienenes Buch über Leibniz gleichnamigen Titels sollte sich als eine mehr oder weniger respektvolle Absage an die Metaphysik erweisen, weil Halbwachs sich bereits für die deutsche Nationalökonomie und deren Forschungsgebiete interessiert (KARADY 1972: 10).

Nach Frankreich zurückgekehrt, schreibt sich der sichtlich von Deutschland beeindruckte Halbwachs erneut an der Pariser Universität ein: Mit Bedacht wählt er die Fächerkombination Recht, Wirtschaft und Mathematik, was ihm wenig später helfen wird, die Soziologie in Frankreich zu einer empirisch fundierten Sozialwissenschaft zu erheben.

Seine Konversion von der Philosophie zur Soziologie deutet sich schon seit Längerem an. Entscheidend ist der 1905 über seinen Ökonomie und Statistik lehrenden Freund und Mentor François Simiand vermittelte Kontakt zu Émile Durkheim. Dieser Kontakt wird zu einer Bekanntschaft mit weitreichenden Folgen – in gewissem Sinn durchaus für beide. Durkheim hat seinerseits knapp zwanzig Jahre früher, genauer im Jahr 1888, seine ersten Soziologiekurse an der Universität in Bordeaux gegeben und ist in diesen Gründungsjahren entscheidend an der Etablierung des Faches Soziologie respektive seiner *École sociologique* in Frankreich beteiligt (DELITZ 2013). Intellektuell anspruchsvolle Sozialforscher kann Durkheim gut gebrauchen. Der begabte Nachwuchswissenschaftler Halbwachs zählt schon bald zum Kreis seiner Schüler, zu denen u. a. auch Marcel Mauss, Paul Fauconnet, Robert Hertz, Henri Hubert, Célestin Bouglé, Marcel Granet sowie François Simiand gehören.

Zu Simiand unterhält Halbwachs zeit seines Lebens enge kollegiale und freundschaftliche Beziehungen. Der in der Ökonomie beheimatete Simiand gilt damals als einer der intellektuellen Vorreiter an der Universität, außerdem obliegt ihm die Leitung der Abteilung Wirtschaft in der von Durkheim mitbegründeten Zeitschrift *Année sociologique*, was seiner Wertschätzung vonseiten Durkheims deutlichen Ausdruck verleiht (EGGER 2003: 13). Trotz dieser kaum zu überschätzenden Bedeutung von Durkheim und Simiand geht Halbwachs früh seinen eigenen Weg zwischen Traditionsbezogenheit und Erneuerung, oder – wie die Schwester von Halbwachs, Jeanne Alexandre, schreibt:

> »Durkheim und Simiand – seine Freunde unter den Soziologen, diejenigen, die er am meisten bewunderte – waren seine Wegweiser; bald aber bahnte er sich seinen eigenen Weg, mit gleich schwebender Distanz zu dem, was er bei dem Ersten mitunter als zu dogmatisch und beim Zweiten als zu empiristisch beurteilte« (ALEXANDRE 1949: 4).

In den Jahren zwischen 1900 und 1910 nehmen Statistik, Mathematik und quantitative Methoden einen zentralen Platz in den Arbeiten Halbwachs' ein. Darum kann es kaum verwundern, dass Halbwachs später zusammen mit dem Mathematiker Fréchet sogar ein Werk zur Wahrscheinlichkeitsrechnung unter dem Titel *Le calcul des probalité à la portée de tous* (1924) verfassen wird.

1905 wird Halbwachs Mitarbeiter bei der seit 1898 erscheinenden *Année sociologique*. Der junge Soziologe bekleidet schon bald den Status eines wichtigen Mitarbeiters. Erste Artikel erscheinen noch im gleichen Jahr und bis 1913 werden es insgesamt 75 Zusammenfassungen, die Halbwachs für die Zeitschrift in seinem Zuständigkeitsbereich, der Wirtschaftssoziologie, verfasst (MARCEL 2001). Halbwachs darf von allen Mitgliedern der Durkheim-Gruppe wahrscheinlich als derjenige angesehen werden, der am besten über die deutschen Sozialwissenschaften und deren Aktivitäten unterrichtet ist (LEPENIES 2004: 8). Rückblickend aus dem Jahr 1934 schreibt Halbwachs zum Unterschied zwischen deutschen und französischen Sozialwissenschaftlern: »Die Deutschen sind groß bei der Entwicklung von langweiligen ›Allgemeinen Systemen‹; wir dagegen haben uns mehr mit speziellen Fragestellungen beschäftigt, und unsere Theorie ist eher sekundär daraus entstanden« (zit. nach KAESLER 1985: 131). Und dennoch lässt sich Halbwachs von diesen deutschen Verfechtern mit ihren allgemeinen Systemen anregen, allen voran von Max Weber.

Bei aller Begeisterung für die Forschung darf auch Halbwachs den Broterwerb nicht vergessen. Von 1905 an teilt sich seine Erwerbsarbeit wie folgt auf: In den Jahren von 1908 bis 1909 unterrichtet er am Lycée de Reims, von 1909 bis 1910 und 1911 bis 1914 in Tours und danach von 1914 bis 1915 und 1917 bis 1918 in Nancy. Zudem ist er aktiver Mitarbeiter bei der *Année sociologique*, was aber nicht zu einer Verbesserung des Einkommens beiträgt. Von Januar 1905 an publiziert der politisierte Halbwachs in diversen sozialistischen und syndikalistischen Zeitschriften: Zuerst in der *Revue socialiste*; gleichfalls zählt er zu den wenigen Mitgliedern des Netzwerks, die in der *Revue syndicaliste* publizieren (zwei Zusammenfassungen im März und Juni 1908). Zudem engagiert er »sich aktiv an den Universités Populaires, die ganz im Geiste und der Tradition der Dreyfusards – wie die meisten *Normaliens* und Durkheimianer ist Halbwachs ein Verteidiger von Dreyfus – eine wechselseitige Erziehung und Bildung von Intellektuellen und (Hand-) Arbeitern anstrebten« (KRÄMER 1999: 263). Bereits im Jahr 1905 wird der bekennende *Dreyfusard* Halbwachs Mitglied der Sozialistischen Partei (BECKER 2003: 36) und gehört zudem der u. a. von Durkheim mitgegründeten Liga der Menschenrechte an.

Schon davor ist Halbwachs bei der seit 1899 existierenden *Groupe de l'unité socialiste* sowie später bei der 1908 von Robert Hertz gegründeten *Groupe d'études socialistes* aktiv. Historiker sprechen in diesem Zusammenhang von einem *socialisme normalien*, weil neben Halbwachs und Hertz auch Simiand und andere *Normaliens* mit von der Partie sind. Die *Groupe d'études socialistes* fungiert als Herausgeber der sich mit verschiedenen aktuellen Themen beschäftigenden *Cahiers du socialiste* (PROCHASSON 1993; MONTIGNY 2005: 9). Außerdem steuert Halbwachs diverse Artikel in der *l'Humanité* zu Fragen der Miete bei.

Seine erste Doktorarbeit legt Halbwachs 1909 an der Juristischen Fakultät von Paris mit dem Titel *expropriation et le prix des terrains à Paris 1880-1900* ab. Darin beschäftigt sich der vielseitig interessierte Sozialwissenschaftler mit der Entwicklung des Pariser Stadtbildes und der dort wohnenden Bevölkerung, besonders im Hinblick auf die städtische Grundstückspolitik und die damit verbundene Bodenspekulation. Der Halbwachs-Kenner Victor Karady (1972: 10) spricht vollkommen zu Recht von einer grundlegenden Arbeit im Bereich der »angewandten Soziologie«.

Ebenso zeigt sich die politische Welt von Halbwachs beeindruckt: Wichtige Auszüge dieser Arbeit werden von Jaurès und »dessen Sozialistischer Partei vor allem wegen der Ausführungen über die kapitalistische Spekulation und Enteignungspolitik verbreitet« (KRÄMER 1999: 262). Halbwachs verlängert zudem seine akademische Tätigkeit mit einer Broschüre, die von dem Verlag der *Parti socialiste* unter dem Titel *La Politique foncière des Municipalités* herausgegeben wird (AMIOT 1968: 30).

»J'étais assez maître de mon allemand« – eine Ausweisung

Im Jahr 1909 erhält Halbwachs ein Stipendium für einen zweiten, gleichwohl nur kurz währenden Deutschland-Aufenthalt in Berlin, den er im selben Jahr antritt und der im Dezember 1910 abrupt beendet wird. In Berlin angekommen informiert sich der stets neugierige Halbwachs über die städtischen Verwaltungsstrukturen und studiert gleichzeitig die deutsche Nationalökonomie und den Marxismus. Damit erweitert er das Spektrum seiner Kenntnisse erheblich. Problematischer als seine wissenschaftlichen Studien verläuft die journalistische Arbeit. In der Funktion eines Korrespondenten der *l'Humanité* berichtet Halbwachs über eine von der Berliner Polizei gewaltsam aufgehobene Versammlung streikender Arbeiter. Daraufhin wird er als »lästiger Ausländer« (LEPENIES 2004:

11) des Landes verwiesen. Innerhalb einer Wochenfrist solle er das – für ihn doch so faszinierende – Land verlassen. Jeglicher Widerspruch bleibt zwecklos und er kann lediglich eine Verlängerung der Aufenthaltsgenehmigung erreichen. Kein Geringerer als Jean Jaurès meldet sich kritisch zu Wort und ergreift Partei für seinen französischen Landsmann. In der *l'Humanité* erscheint zudem ein kritischer Kommentar von Karl Liebknecht, dem Anführer der Linkssozialisten. Kurz vor seinem Tod wird Halbwachs dieses Ereignis zum Gegenstand einer schriftlichen Auseinandersetzung machen: Im Aufsatz *Une expulsion* (eine Ausweisung) legt er Zeugnis über das rabiate Vorgehen der Berliner Polizei ab und bemerkt an einer Stelle, an seinen Deutschkenntnissen könne es nicht gelegen haben. Hierher stammt sein Ausspruch: »J'étais assez maître de mon allemand« (»Mein Deutsch stand mir hinreichend zu Gebote«, 1944, dt. 1981: 52).

Nach dieser politischen Aktion in Berlin hält Halbwachs sich 1910 vorübergehend in Wien auf. Lapidar kommentiert er die für ihn nicht ganz einfache Situation: »Ich glaube, dass es mir nach Berlin in Wien ganz gut gefallen wird« (zit. nach LEPENIES 2004: 14). Mit seiner Einschätzung liegt er natürlich richtig. Immerhin ist Wien um die Jahrhundertwende die andere Hochburg der deutschen Nationalökonomie. Hier lehren Friedrich von Wieser und Eugen von Böhm-Bawerk (ersterer von 1903 bis 1922, letzterer von 1904 bis 1914), die neben Carl Menger und Ludwig von Mises als Begründer der österreichischen Schule der Nationalökonomie gelten.

Nach der Wiener Zeit ist Halbwachs von Oktober 1910 bis Oktober 1914 wieder einmal als Lehrer tätig, dieses Mal am Lycée in Tours. In dieser Zeit, genauer im Jahre 1912, legt er seine Habilitationsschrift (*Thèse de Doctorat ès Lettre principale*) an der Sorbonne vor, die er 1913 verteidigt. Dieses sich mit den Lebensniveaus sowie den Bedürfnissen der Arbeiterklasse auseinandersetzende Werk erscheint 1913 unter dem Titel *La classe ouvrière et les niveaux de vie. Recherches sur la hiérarchie des besoins dans les sociétés industrielles contemporaines*. Die Arbeit sorgt bei der Jury für Aufsehen: Die in keinen Büchern nachzulesenden Forschungsergebnisse über die Bevölkerung der Vorstädte zu diskutieren, die den Gelehrten der Sorbonne aus persönlicher Anschauung völlig unbekannt sind, »entbehrt nicht einer gewissen Kühnheit« (KARADY 1972: 12).

Als Ergänzungsschrift erscheint im gleichen Jahr eine von dem berühmten belgischen Statistiker Adolphe Quetelet (1796-1874) ausgehende Arbeit mit dem Titel *La théorie de l'homme moyen, Essay sur Quetelet et la statistique morale* (1912). Der größte Teil beider Werke ist empirisch und statistisch ausgerichtet, was einer markanten sozialwissenschaftlichen Neuerung gleichkommt. Einzig François Simiand, zuerst Lehrer und später Freund von Halbwachs, ist zur selben Zeit ein vergleichsweise ausgewiesener Statistiker innerhalb der französischen Sozialwissenschaften (MARTIN 2003: 146).

Am 27. April 1913 heiratet Halbwachs die 1889 geborene Yvonne Basch, die Tochter des bekannten Pariser Ästhetikprofessors und Deutschlandspezialisten Victor Basch. Das Paar hat zwei Kinder: Francis wird als der Ältere 1914 geboren. Er wird Lehrer. Pierre, später Hochschulprofessor an der Université de Paris VII, kommt im Kriegsjahr 1916 zur Welt.

Die Zeit des Ersten Weltkriegs

1914 ist ein internationales Krisenjahr. Jean Jaurès, der unumstrittene Anführer der Sozialistischen Partei, wird ermordet und nur wenig später bricht der Erste Weltkrieg aus. Der im Oktober 1914 seine Stelle als Lehrer in Nancy antretende Halbwachs kann aufgrund starker Kurzsichtigkeit (Myopie) nicht aktiv am Krieg teilnehmen: »Ich habe es mein ganzes Leben bedauert, nicht bei den Kriegshandlungen dabei gewesen zu sein« (zitiert nach BECKER 2003: 45).[3] Stattdessen arbeitet er

3 Diese positive Einstellung zum Krieg führt zeitlebens zu einem innerfamiliären Konflikt mit seiner Schwester Jeanne Halbwachs, vgl. dazu Becker (2004: 92).

unter Leitung seines Freundes, des *Normalien* und sozialistischen Abgeordneten Albert Thomas (1878-1932), im Kriegsministerium und avanciert dort zum Vertrauten des späteren Arbeitsministers Loucheur (PROCHASSON 1993). Während dieser Zeit beschäftigt sich Halbwachs mit der Versorgungssituation der arbeitenden Bevölkerung. Die Literatur ist sich uneinig, was Halbwachs' Sicht auf den Krieg anbelangt. Annette Becker spricht mehrfach von einer auffälligen Ausblendung des Krieges bei ihm – vielleicht aber war die Lage doch komplexer, wie beispielsweise Stephan Egger betont: »Halbwachs, der Sozialist, der linke, republikanische, ›defensive‹ Patriot, begriff den Krieg als einen Feldzug gegen den preußischen Militarismus und seine feudalen Eliten, ohne sich dabei seine Bewunderung für die deutsche Geisteskultur nehmen zu lassen – die damals aufgemachte Rechnung eines Krieges der Zivilisation gegen die Barbarei hielt er für falsch« (EGGER 2004: 211).

In den schlimmen Zeiten des Krieges stirbt 1917 im Alter von 59 Jahren Émile Durkheim, der soziologische Übervater einer ganzen Generation (ŠUBER 2012). Der eigentliche Begründer der französischen Soziologie kann den Tod seines an der Front getöteten Sohnes André nicht verkraften. Der Verlust wiegt umso schmerzhafter, als er in dem brillanten *Normalien* André schon seinen Nachfolger gesehen hat (BECKER 2003: 162). Neben den vielen Toten aus allen gesellschaftlichen Klassen und Milieus fallen auch viele Talente und junge Nachwuchswissenschaftler dem Krieg zum Opfer, was auch für eine sich konsolidierende Wissenschaft wie die Soziologie einen schwerwiegenden Nachteil bedeutet.

Nach dem Ende des Krieges erhält Halbwachs im Jahr 1918 in der Funktion eines *Maître de Conférences* (das sind verbeamtete Hochschullehrer, die einen Großteil der Lehre anbieten) die Lehrbefugnis in Caen in der Basse-Normandie. Doch lange hält es ihn am Ort nicht, denn schon bald erreicht ihn ein Ruf aus dem zu Deutschland grenznahen Straßburg.

Professor in Straßburg: Zeit des Austauschs und der Produktivität (1919 - 1935)

Halbwachs kommt im November 1919 als Professor für Soziologie und Pädagogik nach Straßburg. Die Bezeichnung des Lehrstuhls ist mit der identisch, die Durkheim bis zu seinem Tod 1917 in Paris führt. 1922 wird Halbwachs' Lehrstuhl in eine reine Professur für Soziologie umgewidmet – ein überaus bedeutender Akt, weil es die erste ordentliche ausschließliche Professur für Soziologie in Frankreich überhaupt ist. Halbwachs folgt mit dem erhaltenen Ruf auf keinen Geringeren als den deutschen Soziologen und Philosophen Georg Simmel (1858 - 1918), der von Januar 1914 bis zu seinem Tod im September 1918 in Straßburg Soziologie und Pädagogik unterrichtet (BECKER 2004: 179). Ein Lehrstuhl für Soziologie wird mutmaßlich deshalb eingerichtet, »weil ein solcher bereits an der deutschen Kaiser-Wilhelms-Universität Straßburg existiert« (LEPENIES 2004: 9). Anders gesagt: Man will in Frankreich keinesfalls hinter den Errungenschaften einer deutschen Universität zurückbleiben.

Halbwachs' gereifte Persönlichkeit – er ist mittlerweile 41-jährig – wird von seinen Straßburger Kollegen als eher zurückhaltend, korrekt und wenig charismatisch beschrieben, was aber keineswegs bedeutet, er sei kein wichtiges Mitglied der Universität oder verrichte keine institutionelle Arbeit. Im Gegenteil! Halbwachs, die Figur eines intellektuellen Arbeiters par excellence verkörpernd und mit universeller Neugierde ausgestattet, die er – Lucien Febvre zufolge – mit enthusiastischer Art zu kommunizieren weiß (SIMON 2008: 407), arbeitet stetig und lieber im Verborgenen als auf offener Bühne. Mit Strenge und Ausdauer verfolgt er seine Ziele und findet dazu in Straßburg von 1918 bis 1935 die ganze Zeit über nahezu ideale Bedingungen vor. Man kann rückblickend ohne Umschweife von einer »für die Forschung günstigen Atmosphäre« sprechen (CRAIG 1979: 277). Zudem hat Halbwachs ebenso wie der Historiker Marc Bloch den Vorteil, einen elsässischen Namen und Ursprung (der Geburtsort

Sélestat ist nur 50km von Straßburg entfernt) zu besitzen, was ihm einen gewissen Bonus vor Ort verschafft.

Und dennoch: Als Hochschullehrer wird Halbwachs nicht so rasch erfolgreich wie als Forscher. Seine mangelnden pädagogischen Fähigkeiten und sein fehlendes Charisma benachteiligen ihn hier eher (CRAIG 1979: 288). Obwohl er weder über die Eloquenz eines Émile Durkheim noch über den brillanten Gestus eines Georg Simmel verfügt, treffen Studenten im konkreten Austausch auf einen Menschen voller Charme und Gutmütigkeit (CRAIG 1979: 289).

Zur Situation der Straßburger Universität

Die vormalig deutsche Universität, die zwischen 1872 und 1918 während der Annexion des Elsass als am wenigsten antisemitisch unter den deutschen Universitäten gilt, wird am 7. Dezember 1918 definitiv geschlossen. Fortan ist die Universität französisch und in französischer Sprache werden auch die Kurse abgehalten. Unmittelbar nach dem Ende des Ersten Weltkriegs fördert der französische Staat die Universität in Straßburg mit folgender, durchaus patriotisch aufgeladenen Begründung: »Es ist notwendig, dass Frankreich aus Straßburg mehr macht als es Deutschland je gelang; der Stolz der Nation ist dabei mit im Spiel. Von der Prosperität der Straßburger Universität hängt ein Stück weit die Strahlkraft Frankreichs in der Welt ab« (CRAIG 1979: 273). Dies geschieht in Verbindung mit mindestens drei eindeutig politischen Zielen: So soll (1) die Re-Integration Elsass-Lothringens beschleunigt werden, zudem soll (2) die Überlegenheit französischer Politik bewiesen werden und schließlich geht es (3) darum, den kulturellen Einfluss Frankreichs über die Landesgrenzen hinaus in Richtung Europa geltend zu machen und – wenn irgend möglich – auszubauen (LEPENIES 2004: 9).

An der Universität Straßburg soll sich nicht nur ein Zentrum der Forschung etablieren, was national an Strahlkraft zulegt, sondern mehr noch: Diese neue Universität wird zu einem Hauptort der »geistigen Synthese« erkoren, wie es Henri Berr nennt (CRAIG 1979: 276). Zumindest zu Beginn ihrer Tätigkeiten bemühen sich die Professoren aus unterschiedlichen Disziplinen um auf Dauer gestellte Kooperationsformen und versammeln sich wöchentlich zu ihren ›Samstag-Treffen‹, die ganz in dem von Berr beschriebenen »Geist der Synthese« abgehalten werden (NIETHAMMER 2000: 319).

In diesem inspirierenden intellektuellen Klima, in dem die neu berufenen Professoren das Gefühl haben können (und sollen), Neuland zu betreten, lernt Halbwachs den Sozialpsychologen Charles Blondel und den Religionssoziologen Gabriel le Bras sowie die Begründer der *Annales*-Schule, Marc Bloch, Lucien Febvre und Georges Lefebvre kennen. Coser (1992: 6) schreibt über die Produktionsbedingungen, die Halbwachs in Straßburg vorfindet:

> »Ich habe den festen Eindruck [...], dass die Schaffenskraft Halbwachs' in den Straßburger Jahren zu einem guten Teil dem Umfeld der erneuerten und experimentellen Universität zu verdanken ist. Das entspricht in der Tat seinen Ausführungen über die prägende Wirkung sozialer Milieus auf die individuelle Kreativität«.

Halbwachs beschränkt sich aber nicht auf seine Lehr- und Forschertätigkeit an der Universität Straßburg. So übt er 1921 einen Lehrauftrag am Centre d'études germaniques in Mainz aus, in der damals französisch besetzten Zone des Rheinlands (LEPENIES 2004: 8).

Angeregt von einem interdisziplinär orientierten Umfeld publiziert Halbwachs mehrere Arbeiten, die sich als wegweisend – nicht nur für die französische Soziologie – herausstellen sollten. Wie bereits erwähnt, erscheint im Jahr 1924 das gemeinsam mit dem Mathematiker Maurice Fréchet verfasste Werk *Le Calcul des probabilités* à *la portée de tous*. Mit ihm und Georges Cerf zusammen gibt Halbwachs Statistikkurse an der Universität, wodurch zweifellos sein schon seit Längerem vorhandenes Interesse an quantitativer Sozialforschung noch weiter anwächst (CRAIG 1979: 277). Halbwachs scheint zumindest eine Zeit lang sogar an die Möglichkeit zu glauben, dass Soziologen mit Hilfe der Statistik über die Mittel verfügten, um, ähnlich wie Naturwissenschaftler, (soziale) Gesetze zu ergründen (vgl. dazu MARTIN 2003). Von allen Durkheimianern ist Halbwachs dann auch derjenige, der die Bedeutung der Statistik für die Soziologie am ausdrücklichsten unterstreicht. Statistische Forschung sei das »einzige Mittel [...], soziale Regelmäßigkeiten zu erkennen« (zit. nach CRAIG 1979: 287). Umgekehrt hat Halbwachs durchaus Mühe, die eigentlich unbestreitbaren Errungenschaften der qualitativen Sozial- und Feldforschung wertzuschätzen, wie beispielweise sein Forschungsaufenthalt in Chicago verdeutlicht (TOPALOV 2006; MARCEL 2001).

Im unmittelbaren Anschluss an Durkheim veröffentlicht Halbwachs im Jahr 1925 das Buch *Les Origines du sentiment religieux d'après Durkheim*, worin er religionssoziologische Fragen behandelt (1925b). Im Jahr 1925 erscheint zudem die erste und überaus bedeutsame Studie zum kollektiven Gedächtnis: *Les cadres sociaux de la mémoire*. Bereits seit seiner Ankunft in Straßburg interessiert sich Halbwachs für das Gedächtnis, vor allem wohl deshalb, weil ihn das in der politischen Öffentlichkeit zu beobachtende Vergessen des Ersten Weltkriegs und seiner Vorgeschichte sehr nachdenklich stimmt, wie Namer (1999: 223f.) betont.

1928 und 1930 folgen weitere Arbeiten, die von Halbwachs' Schaffenskraft Zeugnis ablegen: *La Population et les Tracés de Voies à Paris depuis un siècle* sowie *Les causes du suicide*. Mit letzterem Werk erweist sich Halbwachs zunächst als derjenige, der die berühmte Selbstmordstudie Durkheims (*Le suicide* 1897) weiterführt. Über diesen hinausgehend bringt Halbwachs jedoch traditionelle und individualistische Erklärungsfaktoren in Anschlag, wie etwa den körperlichen und geistigen Gesundheitszustand des betreffenden Individuums (MUCCHIELLI/RENNEVILLE 1998). 1933 erscheint *L'évolution des besoins dans les classes ouvrières*. Mit der darin betriebenen Erforschung der Bedürfnishierarchie in zeitgenössischen Industriegesellschaften knüpft Halbwachs dezidiert an seine ältere Untersuchung aus dem Jahr 1913 an (dt. *Die Arbeiterklasse und die Lebensstandards*). Die auf breite empirische Studien gestützte Untersuchung der Bedürfnisse ist eine der thematischen Konstanten über Halbwachs' gesamte Forschungslaufbahn hinweg (vgl. Abschnitt v). Zu dieser beträchtlichen Zahl an Monografien kommen diverse Zeitschriftenpublikationen hinzu. Von 1918 bis 1939 schreibt Halbwachs vor allem in der *Revue Philosophique*, von 1918 bis 1930 in der *Revue d'économie politique*, von 1922 bis 1938 im *Journal de Psychologie*, 1925 in der *Revue d'Histoire et de Philosophie Religieuse*, 1929 bis 1932 in den *Annales d'Histoire Économique et Sociale*, 1930 in der *Revue de Métaphysique et de Morale*, 1938 in der (deutschen) *Zeitschrift für Sozialforschung*, 1938 in den *Annales de l'Institut des Sciences Sociales*, 1939 in *The American Journal of Sociology*, womit allerdings nur die Wichtigsten genannt sind.

Germanophilie und Interdisziplinarität mit Grenzen

Halbwachs gehört zu den ersten Soziologen, die die Arbeiten Max Webers in Frankreich (positiv) besprechen und dadurch nachhaltig bekannt machen. Im Jahr 1925 publiziert der französische Soziologe einen ausführlichen Essay über Webers Schrift zur Protestantischen Ethik. Passenderweise erscheint diese Arbeit in der *Revue d'Histoire et de Philosophie Religieuses*, der Zeitschrift der Fakultät für Protestantische Theologie an der Universität Straßburg (CRAIG 1979). Außerdem steuert er 1929 der ersten Nummer der *Annales d'Histoire et Sociale* ein an Marianne Webers Biografie orientiertes Porträt Max Webers bei. Die immer noch lesenswerte kurze Arbeit trägt den Titel *Max Weber: un Homme, une Oeuvre* (1929). An Weber fand Halbwachs insbesondere deshalb Gefallen, weil dieser »nie aufhörte, seine Ansichten einer Überprüfung zu unterziehen. Jedes Mal, wenn er ein Vorhaben abschloss, schien es, dass er einen neuen Grund fand, noch weiter zu gehen. Man konnte ihn leicht mit jenen Industriekapitänen aus der Blütezeit des Kapitalismus vergleichen, die er so eindrücklich beschrieben hatte, und die sich ganz natürlich dazu verpflichtet fühlten, all das, was sie verdient hatten, wieder in neue Unternehmungen zu investieren« (zit. nach LEPENIES 2004: 9).

Halbwachs schätzt an Weber ganz offenbar Eigenschaften, die man ihm selbst zuschreiben darf: Zu nennen wäre vor allem ein auffälliges Interesse an interdisziplinären Fragestellungen, ein Verzicht auf weitgehenden Dogmatismus (nicht ganz unumstritten) und ein ausgeprägter intellektueller Wagemut. In seiner Beschäftigung mit Weber liegt Halbwachs goldrichtig, denn der Einfluss Webers in Frankreich nimmt zwar langsam, aber stetig zu. Was diesen deutschen Denker so attraktiv macht, sind seine »realitätsnahen Analysen«, gegenüber denen die Soziologie Durkheims nach der etwas polarisierenden Einschätzung Arons »gewissermaßen über den Verhältnissen« schwebt (HIRSCHHORN 1988; LEPENIES 2004: 11).

Respekt und Anerkennung zollt Halbwachs – neben den Schriften Webers – auch den Arbeiten weiterer deutscher Soziologen wie Karl Mannheim und Georg Simmel, »un sociologue avec talent« (und immerhin sein Vorgänger in Straßburg), sowie den Schriften des Soziologen und Ökonomen Werner Sombart (CRAIG 1979: 286). Ab 1926 trägt Halbwachs als einer der ersten französischen Sozialwissenschaftler zu einer deutschen Universitätszeitschrift bei, dem in Karlsruhe erschienenen *Jahrbuch für Soziologie* (BECKER 2003: 189).

Neben seinem Straßburger Kollegen Charles Blondel ist Halbwachs zudem der einzige weitere Straßburger Wissenschaftler, der in den Jahren 1928 bis 1931 an internationalen Kursen in Davos teilnimmt. Dort versammeln sich junge deutsche und französische Forscher und debattieren über verschiedene Themen (BECKER 2003: 189). Mit solchen Aktivitäten sieht Craig Halbwachs als beispielhaften Europäer der damaligen Zeit:

> »Kurz gesagt, Halbwachs ist ein exemplarischer Europäer, und zumindest in den 1930er-Jahren ist er ein Vorkämpfer für die Versöhnung zwischen Franzosen und Deutschen. In eben diesem Geist interpretiert er sowohl in seinen Kursen als auch in verschiedenen

Publikationen die Arbeiten der deutschen Soziologen – darin inbegriffen ein Kurs ›Die Hauptvertreter der deutschen Soziologie‹« (CRAIG 1979: 285).

Für diese Zeit besonders erwähnenswert ist, dass Halbwachs ab 1929 Mitglied im Redaktionskomitee der *Annales d'Histoire Économique et Sociale* ist.

Im Herbst 1930 folgt Halbwachs einer Einladung als Visiting Professor an das Department Sozialwissenschaften der Universität Chicago (TOPALOV 2006). In dieser Zeit schließt er Bekanntschaft mit den Gründern der berühmten *Chicago School*, darunter Robert E. Park und Ernest W. Burgess sowie Louis Wirth, Frederic Thrasher, Clifford R. Shaw und Henry D. McKay, mit denen Halbwachs teilweise zusammenarbeitet. 1932 erscheint Halbwachs Arbeit *Chicago, Expérience Ethnique* in den *Annales d'Histoire Économique et Sociale*, die bis heute als einer der besten Einführungstexte zum Beginn der ersten Chicago School of Sociology gilt (MONTIGNY 2005: 9). Coser (1992: 6) berichtet in seiner Einführung, Halbwachs habe in seinem damals in Chicago gehaltenen, auf *Les causes du suicide* basierenden Kurs zum Thema Selbstmord starke Besucherrückgänge erlitten. Teilweise lasse sich das mit seinen unzureichenden Englischkenntnissen begründen, aber auch mit Halbwachs' prinzipiellem Mangel an Eloquenz und Ausstrahlung. Neben einem Kurs zum Selbstmord unterrichtet Halbwachs in *Modern French Sociology*. Die amerikanische mit der deutschen Soziologie vergleichend kommt er in einem Artikel in den *Annales* zu folgendem Schluss: »Während die deutschen Soziologen kaum die Theorie je verlassen, kümmern sich die Amerikaner vielleicht zu wenig um ihre Ideen und ihre Grundüberzeugungen« (HALBWACHS 1932: 81). Sieht Halbwachs bei den deutschen Soziologen zu großes Theorieinteresse am Werke, fehlt ihm bei den Amerikanern die theoriegeleitete Forschung – und gerade die Vermittlung von Theorie und Empirie liegt Halbwachs schon seit Längerem am Herzen und darf bis heute als der ›Königsweg‹ der Soziologie bezeichnet werden (vgl. KALTHOFF et al. 2008). Zwischen 1932 und 1937 wird der mittlerweile arrivierte Sozialforscher in verschiedene Funktionen und Verantwortlichkeiten gewählt: So wird er, wie bereits kurz erwähnt, im Jahr 1929 Mitglied im Redaktionskomitee der *Annales d'Histoire Économique et Sociale*. Halbwachs publiziert in dieser im selben Jahr von Marc Bloch und Lucien Febvre gegründeten Zeitschrift im Laufe der Zeit über 100 Beiträge. Zudem fungiert er seit 1932 als Korrespondent der *Académie des Sciences Morales et Politiques*. 1935 wird er Mitglied im *Conseil Supérieur de la Statistique Générale de la France*, dem Vorläufer des heutigen Nationalinstituts für Statistik und ökonomische Studien (INSEE). Gleichzeitig ist er ab 1935 Mitglied des *Institut International de Statistique*. Spezialisiert auf Fragen zur Arbeit tritt Halbwachs zum einen als französischer Repräsentant und Experte im *Bureau International du Travail* auf, z. B. als Delegierter auf der Statistikerkonferenz zur Arbeit im Jahr 1936. Zum anderen ist er in derselben Funktion bei der *Société des Nations* aktiv, etwa 1937 als Mitglied des gemischten Komitees zur Arbeiterentlohnung. In dieser für Halbwachs äußerst produktiven Zeit gilt er bereits – neben Marcel Mauss (vgl. MOEBIUS 2022, 2009a) – als einer der gewichtigen Fortführer der Durkheim-Schule und als einer der wenigen bedeutenden Soziologen (BAUDELOT/ESTABLET 1994: 9).

Gänzlich unabhängig von diesen Forschungserfolgen und der damit verbundenen institutionellen Anerkennung verdüstert sich allmählich die politische Weltlage. 1933 erfolgt Hitlers Machtergreifung in Deutschland. Halbwachs fungiert fortan als »Ansprechpartner und Helfer für viele vor den Nazis fliehende deutsche Soziologen« (RAMSTEDT 1997: 98). Als im selben Jahr das Frankfurter Institut für Sozialforschung von den Nazis geschlossen wird, sind es die Soziologen Bouglé und Halbwachs, die – zusammen mit dem Straßburger Juristen Georges Scelle – Horkheimer und Adorno in Paris empfangen (BECKER 2003: 315). Die Soziologie erscheint den Nazis als inakzeptables Fach und nicht zuletzt deshalb werden Soziologen jüdischer Abstammung wie Gottfried Salomon, Paul Honigsheim, Max Horkheimer, Norbert Elias, Karl Mannheim oder Alfred Schütz und viele mehr zu Verfolgten des NS-Regimes.

Einzig die sogenannte »deutsche Soziologie«, zu der Autoren wie Hans Freyer und Helmut Schelsky zählen, sei zu verstehen als »die soziale Lehre und Gegenwartsanalyse in Hinblick auf die neue Wirklichkeit, die sich mit der ›nationalsozialistischen Revolution‹ realisiert habe« (zitiert in: RAMSTEDT 1997: 100). Was hier geliefert wird, ist pure Ideologie zur Unterstützung eines aberwitzigen sozialdarwinistischen Rasseverständnisses – aber genau das wird bekanntermaßen von der politischen Elite der damaligen Zeit gewünscht. Eine Soziologie, die unbequeme und gesellschaftskritische Fragen stellt, stört nur ein solches Unterfangen.

Halbwachs kann sich vor allem auch persönlich den widrigen politischen Umständen nicht restlos entziehen, denn umso vieles tragischer verläuft das Privatleben des inzwischen etablierten Professors für Soziologie. Natürlich beobachten er und seine jüdische Familie mit Argwohn und zunehmenden Ängsten das Heraufziehen des Nazi-Regimes. In Deutschland ist der Nationalsozialismus seit 1930 zu einer übergreifenden Massenbewegung herangewachsen. Am 30. Januar 1933 wird ihr und ihren rechts-konservativen Verbündeten die politische Macht übergeben: Reichspräsident Hindenburg ernennt Adolf Hitler zum Reichskanzler, der aus Nationalsozialisten und Deutschnationalen das ›Kabinett Hitler‹ bildet. Die Revision der internationalen Ordnung nach dem Versailler Vertrag, schon ein Ziel früherer deutscher Regierungen, gehört zum Programm der Nationalsozialisten und ihrer Verbündeten. Mit dem Wiederanschluss des Saargebiets an das Deutsche Reich 1935, dem Einmarsch in das entmilitarisierte Rheinland 1936, dem sogenannten ›Anschluss‹ von Österreich und der Abtrennung des Sudetenlandes von der Tschechoslowakei im Münchner Abkommen 1938 wurden die ersten beiden Ziele weitgehend erfüllt und durch die englische und französische Appeasement-Politik, die auf eine friedliche Verständigung mit Deutschland abzielte, begünstigt.

Im Schatten dieser sich ankündigenden politischen Weltkrise stehend, ist Halbwachs' ›Straßburger Zeit‹ dennoch eine überaus fruchtbare Schaffensperiode. Es ist eine Phase, in der er verschiedene Schriften verfasst, die ihn berühmt machen werden. Die anhaltende Forschungs- und Lehrtätigkeit wird lediglich durch eine Reise in den Nahen Osten, die bereits erwähnte Gastprofessur in Chicago und eine Vertretung Simiands am *Conservatoire National des Arts et Métiers* unterbrochen (EGGER 2003: 14). Nicht zu unterschätzen in seiner Bedeutsamkeit ist das in diese Zeit fallende Bekanntmachen nichtfranzösischer sozialwissenschaftlicher Autoren durch Halbwachs. So gelingt es ihm, mit Aufsätzen und Essays Aufmerksamkeit auf Max Weber, aber auch auf zentrale Autoren wie Vilfredo Pareto, Thorstein Veblen, John Maynard Keynes und viele andere zu lenken (BAUDELOT/ESTABLET 1994: 9).

Professuren an der Sorbonne und Zweiter Weltkrieg (1935 - 1943)

Den Widerstand des Geistes, die ›résistance de l'esprit‹, hat Halbwachs bereits während der Dreyfus-Affäre konkret miterlebt, und auch jetzt – da die Zeichen in Europa auf Krieg stehen – kann und will er nicht schweigen: »Wissenschaftler wie Maurice Halbwachs glaubten, handeln zu müssen – und standen damit nicht vor dem politischen Mord, sondern vor dem politischen Selbstopfer« (LEPENIES 2004: 21). Motiviert durch den Kontakt zu seinem Schwiegervater Victor Basch, einem der Volksfrontsprecher, findet Halbwachs nach seiner akademischen Rückkehr nach Paris im Jahr 1935 nochmals – zumindest vorübergehend – Gefallen an einem aktiven Antifaschismus und der Politik Léon Blums. Seinem Naturell entsprechend steht er aber eher als Gelehrter, denn als aktiver »militant« (NIETHAMMER 2000: 321) für Ratsuchende im Hintergrund zur Verfügung.

Nach all den Jahren der Arbeit und einer für die damalige Zeit unglaublich hohen Anzahl an Publikationen wird Halbwachs in seinem letzten Lebensjahrzehnt die verdiente wissenschaftliche Anerkennung zuteil, die ihn mit zahlreichen Ehrungen und Mitgliedschaften dekoriert. Im November 1935 erhält er die Stellvertretung Célestin Bouglés und dessen Lehrstuhl für Geschichte der Sozialökonomie an der Sorbonne zugesprochen. Die Straßburger Zeit ist damit endgültig abgeschlossen. Obwohl Halbwachs in Straßburg fruchtbare Jahre verbracht hat, fühlt er sich angeblich nie als Elsässer und ist wenig lokal verwurzelt. Als ehrgeiziger Wissenschaftler muss sein Ziel schon immer gewesen sein, irgendwann einen begehrten und renommierten Lehrstuhl an der Sorbonne oder gar am Collège de France in Paris zu erlangen.

Im November 1937 spricht man Halbwachs eine eigene Professur für Logik und Methodologie der Wissenschaften zu. Zum 1. April 1939 erhält er Paul Fauconnets Lehrstuhl für Soziologie, bevor er zwei Jahre später, am 1. April 1941, endgültig zum Nachfolger Bouglés berufen wird.

Halbwachs' Widerstand gegenüber dem NS-Regime und der Besatzung Frankreichs besteht auch darin, dass er in all diesen schwierigen Jahren »aus Zivilcourage wie aus Treue zur Wissenschaft in Paris« bleibt (Mme Halbwachs, in: HALBWACHS 1985: 17). In seinen leider nicht für die gesamte Kriegszeit erhalten gebliebenen *Cahiers* zeigt sich der französische Soziologe als politischer Widerständler, der auch der Kollaboration eine radikale Absage erteilt (BECKER 2003: 353). Sein letztes *Cahier*, das zwischen Sommer 1943 und Sommer 1944 entsteht, enthält Bemerkungen über das tägliche Leben unter der Besatzung, Kontakte zum organisierten Widerstand sowie Aufzeichnungen über Verfolgungen und Verhaftungen. Im Unterschied zu den oftmals unentschlossenen Teilen der französischen intellektuellen Elite hat Halbwachs immer versucht, dem Nationalsozialismus Einhalt zu gebieten; ebenso betrachtet er die Entwicklungen in der jungen Sowjetunion weitaus kritischer als seine kommunistisch orientierten Zeitgenossen (EGGER 2004).

Der Widerstand gegen das aufkommende totalitäre NS-Regime hat sich unter den französischen Intellektuellen längst formiert: Mit Marc Bloch und Lucien Febvre gehört Halbwachs zum sogenannten *Comité de Vigilance des Intellectuels Antifascistes*. Dieses Komitee gründet sich bereits im Jahr 1936. Später schließt sich Halbwachs einem nach der Schlacht bei den Thermopylen benannten Widerstandsnetz an (LEPENIES 2004: 18f.), in Anspielung auf den von wenigen Entschlossenen dem übermächtigen Gegner abgerungenem Sieg. 1937 gründet Halbwachs zusammen mit Febvre das *Institut d'Histoire et de Sociologie Économique*, dessen Ziel darin besteht, historische und ökonomische Analysen miteinander zu verbinden und zudem Beziehungen zur Ideengeschichte und zur Sozialstruktur herzustellen (MARCEL 2001: 148, Fn. 1).

Als sich 1938 der Zweite Weltkrieg ankündigt, ist es für Halbwachs praktisch unmöglich, sein Privatleben von seinem politischen Engagement und seinem intellektuellen Leben zu trennen (BECKER 2003: 291). Seine jüdische Frau sowie deren Verwandtschaft sind von Verfolgung und Vernichtung bedroht. Im Oktober 1940 stirbt Halbwachs' Mutter, mit der er sich zeitlebens stark verbunden gefühlt hat (BECKER 2003: 355). Das Unglück nimmt nun seinen Lauf: Mit Beginn der 1940er-Jahre verliert Halbwachs zuerst seinen Schwager, Dr. Georges Basch, der Selbstmord begeht, weil er die Schande der französischen Niederlage nicht ertragen kann (COSER 1972: 6).

Während des Vichy-Regimes werden am 10. Januar 1944 Halbwachs' Schwiegereltern Victor und Ilona Basch von der Miliz des Vichy-Regimes oder gerüchteweise auch von der Gestapo auf grausame Weise umgebracht. Beide sind zum Zeitpunkt ihres Todes 80 Jahre alt. Verschiedentlich ist behauptet worden, Halbwachs sei anlässlich der grausamen Ermordung seiner Schwiegereltern so aufgebracht gewesen, dass er persönlich nach Lyon gefahren sei, um Aufklärung über die Umstände zu fordern. Die Historikerin Annette Becker bezweifelt allerdings, dass Halbwachs direkt bei den verantwortlichen Stellen oder bei den französischen sowie deutschen Autoritäten in Lyon protestiert hat. Obwohl Halbwachs zu der fraglichen Zeit tatsächlich eine Woche vor Ort in Lyon gewesen sein könnte, gäbe es keine Archivbelege für seinen Gang nach Lyon (BECKER 2004: 369).

Collège de France, Deportation und Tod in Buchenwald (1944 - 1945)

»... der Kampf des Menschen gegen die Macht ist der Kampf der Erinnerung gegen das Vergessen.« (Jorge Semprún)

Seit 1943 bekleidet Halbwachs das Amt des Vizepräsidenten der *Société Française de Psychologie*, aber die eigentliche Anerkennung, von der ein jeder französischer Wissenschaftler träumt, erlangt er zu Beginn des Jahres 1944. Halbwachs erhält am 14. März den neu geschaffenen Lehrstuhl für *Psychologie collective* (kollektive Psychologie) am international renommierten Collège de France. Doch der Preis ist hoch, denn diese Position am Collège wird erst »durch den erzwungenen Ausschluß jüdischer Professoren vom Collège de France (wie seines Freundes Marcel Mauss, dem engsten Mitarbeiter und Neffen Durkheims) 1941 frei« und »nach einer Wartefrist neu besetzt« (NIETHAMMER 2000: 316). Halbwachs muss am 3. Juni 1944 einen sogenannten Ariernachweis vorlegen. In seiner Schrift *Ma campagne au Collège de France* (1999, frz. 1946) beschreibt Halbwachs humorvoll und mit feiner Ironie seine Besuche bei seinen potenziellen Wählern für die Aufnahme ins Collège. Zudem wird Halbwachs am 26. September 1944 zum Honorarprofessor an der Faculté des Lettres de Paris ernannt. Tragischerweise kann er den renommierten Posten am Collège de France nie aktiv ausüben, denn am 26. Juli 1944, also nur wenige Monate nach der Ernennung, wird er in Paris von der Gestapo verhaftet. Dies erfolgt wenige Tage nachdem sein in der Résistance aktiver Sohn, Pierre Halbwachs, ebenfalls verhaftet worden ist. Halbwachs wird beschuldigt, seinem Sohn Unterschlupf und Schutz gewährt zu haben (CANGUILHEM 1947: 229). Der Angeklagte wird ins Gefängnis in Fresnes gebracht und zusammen mit seinem Sohn Pierre und seinem Kollegen, dem Sinologieprofessor Henri

Maspero, am 15. August 1944 ins KZ Buchenwald deportiert. Als Häftling bekommt er die Nummer 77161. Gefangen gehalten wird Halbwachs im sogenannten ›Kleinen Lager‹ in Block 56 (DOSSMANN 2002: 196). Jorge Semprún, der bei Halbwachs an der Sorbonne Vorlesungen gehört hatte, widmet dem Leben und Sterben Halbwachs' in Buchenwald mehrere Bücher. Seine Beschreibungen schwanken zwischen Fiktion und Realität, aber ohne Zweifel setzt er seinem bewunderten Lehrer ein (literarisches) Denkmal (vgl. dazu Abschnitt VI). Als Halbwachs im Herbst 1944 nach Buchenwald kommt, nimmt er an einigen intellektuellen Aktivitäten im Lager teil: Er liest vor und gibt sogar kleinere ›Konferenzen‹. Doch im Lauf der Zeit verliert Halbwachs zusehends seine Kräfte. Er wird jedoch nicht einfach ermordet – ihm »widerfuhr Schlimmeres: Er wurde zu einem langen Sterben gezwungen, während dessen sein Körper sich langsam auflöste. An seinem Ende schämte der Sterbende sich, so zu sterben« (LEPENIES 2004: 15). Neben den Werken von Jorge Semprún geben zwei Bleistiftskizzen von Boris Taslitzky nachhaltigen Eindruck vom Sterben des Maurice Halbwachs.[4]

4 Diese finden sich wiederabgedruckt in dem von Henning Schmidgen herausgegebenen Band *Georges Canguilhem. Über Maurice Halbwachs* (2022). Taslitzky ist ein Vertreter des sog. Sozialistischen Realismus. Bekannt wurde der mit Picasso und Giacometti gut befreundete Maler durch seine Porträts, die er unter Lebensgefahr als Häftling 69022 im KZ Buchenwald auf gestohlenem Schreibpapier der SS zeichnete.

III. Denken im Kontext: Halbwachs' wissenschaftliches Milieu

Maurice Halbwachs war Teil der faszinierenden Gründung, Etablierung und Entwicklung des Faches Soziologie in Frankreich zu Beginn des 20. Jahrhunderts. Ab 1905 ist er als junger Soziologe bereits Mitglied der *École française de sociologie*. Damit sich die wesentlich von Durkheim geprägte, noch junge Disziplin im Konzert der Fächer zu konsolidieren vermag, gehört neben der Besetzung von Lehrstühlen die Gründung von Zeitschriften und die Vernetzung mit Institutionen und Kollegen notwendig dazu. Dies gerade auch in inter- und transdisziplinärer Perspektive, die für Halbwachs, selbst aus der Philosophie kommend, eine große Bedeutung für die Entwicklung des eigenen Werkes hat.[5] Im Folgenden wird der wissenschafts- und soziologiegeschichtliche Kontext dargestellt, in dem Halbwachs lebhaft mitwirkt, anders gesagt: von dem er geprägt wird und den er selbst prägt. Neben seiner Mitarbeit in verschiedenen Zeitschriften wird auch die Beziehung zur Durkheim-Schule beleuchtet. Halbwachs, weder »akademischer Unternehmer« (COSER 1985: 9) noch dominante Figur bei Treffen und Sitzungen, »was a determined team player and advocate of cross-disciplinary collaboration« (ebd.: 9). In diversen Zeitschriften und bei Herausgeberschaften ist Halbwachs vielleicht auch wegen dieser ihm zugeschriebenen Eigenschaften

5 Johan Heilbron macht darauf aufmerksam, dass es zwischen 1910 und 1950 insgesamt nur vier ›richtige‹ soziologische Lehrstühle an französischen Universitäten gab (HEILBRON 1985: 204).

ein gerne gesehener und weithin geschätzter Wissenschaftler. Besonders zu erwähnen ist sein beständiges Engagement in der Zeitschrift *Année sociologique*.

Die Année sociologique

Die 1896 von Émile Durkheim gegründete Zeitschrift *Année sociologique* wird ab 1898 regelmäßig publiziert und erscheint bis 1925 jährlich (vgl. CLARK 1973: 181f. sowie MOEBIUS 2022: 50f.). Zwischen 1934 und 1942 ändert sie den Titel in *Annales sociologiques*, bevor sie nach Ende des Zweiten Weltkriegs erneut unter ihrem alten Namen herausgegeben wird (vgl. BESNARD 1979). Halbwachs erwähnt in seinen Arbeiten wiederholt die überragende Bedeutung der Zeitschrift, deren Ziel es ist, die unterschiedlichsten Fächer miteinander ins Gespräch zu bringen. Sie ist gleichsam mehr als nur eine Zeitschrift, denn sie fungiert als richtiggehendes Forschungsinstitut und erfüllt dabei die zwei Hauptvorstellungen Durkheims: wissenschaftliche Objektivität und intellektuelle Exzellenz (CLARK 1973: 183). Zu diesen herausstechenden Merkmalen kommen noch vier weitere Funktionen hinzu: (1) die Rekrutierung wissenschaftlicher Mitstreiter, (2) das Einüben in das wissenschaftliche Arbeiten (training on the job), (3) soziale Integration sowie (4) die Ausübung und Legitimierung von Autorität (ebd.: 184). Die Zeitschrift bietet vor allem Durkheim – aber prinzipiell auch seinen Mitstreitern – die Möglichkeit, seine eigenen Forschungen und die seiner Schüler und anderer Gelehrter, welche mit seinem neuen soziologischen Paradigma arbeiten, zu veröffentlichen. Es ist Durkheims Wunsch, dass die Rezensenten der Zeitschrift gleichsam zu Mitarbeitern der Autoren werden, »um aus der Literatur das auszuwählen, was für ihre Richtung der Soziologie wertvoll war« (GEIGER 1981: 150). Wichtige Mitglieder der *Année sociologique*-Gruppe sind Émile Durkheim, Célestin Bouglé, Marcel Mauss, Henri Hubert, Robert Hertz, François Simiand und eben auch Maurice Halbwachs (vgl. MOEBIUS 2006: 73f.)

In der Zeitschrift zeichnet Halbwachs zusammen mit François Simiand für den Bereich Wirtschaft und Statistik sowie für Rezensionen im Bereich Wirtschaftssoziologie verantwortlich (LEPENIES 2004: 8). Sein Freund und Kollege Simiand veröffentlicht bereits von 1905 an Zusammenfassungen der Arbeiten Webers in der *Année sociologique*. Halbwachs wird aber im Lauf der Zeit zum eigentlichen Weberexegeten unter den Durkheimianern (MARCEL 2001: 148, Fn. 1). Bis ins Jahr 1925 nimmt man in Frankreich die Arbeiten Max Webers praktisch nicht zur Kenntnis. Daran sollte sich durch Halbwachs einiges ändern.

Halbwachs und die Durkheim-Schule

Für zeitgenössische Sozialwissenschaftler und Kenner wie etwa Jean-Christophe Marcel handelt es sich bei dem in der Tradition Durkheims stehenden Halbwachs um den nach dem Ersten Weltkrieg wahrscheinlich am besten ausgebildeten Soziologen, um die Soziologie grundlegend zu erneuern (MARCEL 2001: 147). Anders gesagt: Halbwachs soll durchaus – neben Marcel Mauss und François Simiand – als ein ebenso legitimer wie herausragender Nachfolger Durkheims betrachtet werden (MOEBIUS 2006: 95). Die im Nachhinein als gelungen zu bezeichnende Institutionalisierung der Durkheim-Schule (vgl. MOEBIUS 2022: 59f.) hängt von zweierlei Umständen ab, die über den Erfolg beziehungsweise den Misserfolg entscheiden: erstens von ihrem ideologischen Gehalt, d. h. in diesem Fall von dem Festhalten an der republikanische Ideologie, der sich die Mitglieder des Durkheim-Kreises durchweg verpflichtet fühlen. Das Schlüsselereignis stellt hier mit Sicherheit die *Dreyfus-Affäre* dar. Ebenso wichtig ist allerdings zweitens die »wissenschaftliche Glaubwürdigkeit«, mit der Durkheim und seine Anhänger zunehmend auch in anderen Kreisen an Kredit gewinnen (GEIGER 1981: 151).

Obwohl die Straßburger Zeit insgesamt betrachtet, enorm fruchtbar und positiv für die Durkheimianer war, findet sich

Halbwachs in der Zwischenkriegszeit nicht selten in der Rolle des Durkheim-Verteidigers wieder. Nicht nur von den Historikern wird ihm und der Durkheim-Schule ab den 1920er-Jahren ein imperialer Gestus vorgeworfen. Auch vonseiten der Psychologie, namentlich von Charles Blondel, kommt Kritik. Es erscheint durchaus als angemessen, die Durkheim-Schule durch einen gewissen »wissenschaftlichen Dogmatismus« (MARCEL 2001: 3) zu charakterisieren. Im hart umkämpften Feld der Sozialwissenschaften soll der Soziologie der Rang einer Königin der Wissenschaften zugesprochen werden. Dazu bedarf es aus der Sicht Durkheims – womit dieser nicht ganz falsch liegen dürfte – eines souveränen und manchmal auch autoritären Auftretens, um neue Gebiete produktiv zu besetzen und konkurrierende Soziologien auf Distanz zu halten. So etwa die Gruppe um René Worms, die vor allem in der Zeitschrift *Revue internationale de sociologie* (1893-1939) publiziert (HEILBRON 1985: 205). Durkheim erhält aber auch bei seinen Konkurrenten Anerkennung, und sei es, indem diese bewusst versuchen, sich kritisch von der Soziologie Durkheims und seinen Nachfolgern abzusetzen.[6] Am Gründungsvater der französischen Soziologie kommt man bis zu dessen Tod im Jahr 1917 kaum vorbei. »Die in Frankreich führende Durkheim-Schule war ein Heer von Wissenschaftlern und Forschern, deren zahlreiche bedeutsame Arbeiten oftmals große Aufmerksamkeit erzielten und die zugleich die Autorität in mehr als einem Punkt verkörperten« (HEILBRON 1985: 206).

Nachdem sich die Durkheim-Schule vor allem in den Ausbildungsstrukturen im höheren Schulwesen etabliert hatte, wird in der Zwischenkriegszeit auch die Universität mit Soziologielehrstühlen von Durkheim-Schülern besetzt. Mauss (1931), Simiand (1932) und Halbwachs (1935) treten das Erbe an und reüssieren auch früher oder später auf ihren Spezialgebieten. Was jedoch ab den 1920er-Jahren zunehmend aufgegeben

6 Als ›Gegenspieler‹ Durkheims muss vor allem auch der lange Zeit unterschätzte und wenig rezipierte Gabriel Tarde (1843-1904) genannt werden.

werden muss, ist der Anspruch Durkheims auf eine ›Superwissenschaft‹ Soziologie.[7]

Insgesamt lässt sich die These vertreten, dass Halbwachs – in der Tradition Durkheims stehend – dessen eigene Arbeiten (durchaus mitunter kritisch) fortführt, gleichzeitig aber auch eigenständige Arbeiten vorlegt. Man denke beispielsweise an die Studien zum Gedächtnis (vgl. dazu MARCEL 2001: 6). Auch bei diesen bleibt Halbwachs dem »Erbe von Durkheim und dessen epistemologischem Paradigma verpflichtet, von einem kollektiven Ursprung der verschiedenen menschlichen Denk-, Handlungs- und Lebensweisen auszugehen und alle Bereiche des menschlichen Lebens in ihrer Relationalität zu betrachten« (MOEBIUS 2022: 70).

Nicht unwichtig ist dabei, dass Halbwachs immer wieder den Blick über die Ränder der Soziologie hinaus wagt, um Anregungen aus anderen Disziplinen (Psychologie, Geschichte, Ökonomie) aufzunehmen. Gleichzeitig entspricht dieses Vorgehen auch einer veröffentlichungsstrategischen Notwendigkeit, denn nicht nur Halbwachs, sondern alle Durkheimianer machen die Erfahrung der Abhängigkeit von nichtsoziologischen Zeitschriften: Nur drei der von Halbwachs zwischen den Jahren 1918 und 1943 insgesamt veröffentlichten 34 Artikel erscheinen in soziologischen Organen (HEILBRON 1985: 211). Besondere Bedeutung erlangt in diesem Zusammenhang seine produktive und umsichtige Mitarbeit bei der Zeitschrift der sich formierenden *Annales*-Schule (BURKE 2004).

Die Mitarbeit in der Annales: *M. Bloch und L. Febvre*

1929 gründen Marc Bloch und Lucien Febvre die *Annales d'histoire économique et sociale*, deren Herausgebergremium Maurice Halbwachs als einziger Soziologe angehört (vgl. LEPENIES

7 Diese Etablierung einer Superwissenschaft hatte Auguste Comte im 19. Jahrhundert schon einmal zu verwirklichen versucht (1974).

2004: 10). Die beiden berühmten Gründungsväter Bloch und Febvre legen Wert darauf, »keine Ecole des Annales gründen zu wollen« (CRAIG 1981: 301). Mit ihrer Konzeption der *Annales* wollen sie ausdrücklich ein Gremium etablieren, das verschiedene Wissenschaftszweige (Geschichte, Geografie, Soziologie, Kulturwissenschaften und Ökonomie) fruchtbar miteinander ins Gespräch bringt (RÖSSLER 1991: 154).

Der bereits an den Gründungsdiskussionen teilnehmende Halbwachs wird von den Historikern als Soziologe wertgeschätzt. Sowohl in der Positionen des Informanten als auch in der Funktion des Kritikers spielt er eine wichtige Rolle. Er gilt als loyales und vertrauenswürdiges Mitglied der Herausgeberschaft. Marc Bloch imponiert Halbwachs' unabhängiger Geist, der sich mit einer Treue zu großen Leitthemen seines Denkens verbindet (BLOCH 1925: 73f.; vgl. dazu MARCEL 2001: 150). Dennoch ist das Vorgehen von Bloch und Febvre nicht frei von strategischen und eigennützigen Überlegungen, denn es ist ihnen sehr wohl bewusst, dass sie mit den Durkheimianern »auf vielen Feldern die gleichen Kämpfe ausfochten, und [...] daß der auf selektive Übernahme eingestellte Historiker viel von den Soziologen lernen konnte« (CRAIG 1981: 311).

Halbwachs steuert in den ersten zehn Jahren der *Annales* drei Artikel und eine große Anzahl kurzer Notizen und Buchbesprechungen bei. So legt er u.a. 1932 unter dem bereits erwähnten Titel *Chicago, Expérience Ethnique* eine fundierte Darstellung der Chicagoer Schule vor. Darin stellt Halbwachs seine grundsätzlichen Überlegungen zur stadtökologischen Forschung vor. Mit soziologischen und ethnografischen Methoden soll diese Forschung neue Verbindungen einer räumlichen Erfassung von städtischen Strukturen erproben (RÖSSLER 1991: 159). Bemerkenswert ist dabei die Tatsache, dass die Zeitschrift insgesamt nur sechs Aufsätze von Soziologen veröffentlicht – drei von Georges Friedmann und drei von Halbwachs. »Doch während des gesamten Jahrzehnts war Halbwachs ein geschätztes Mitglied des comité de direction und steuerte Dutzende von Buchbesprechungen und Notizen bei« (CRAIG 1981:

303). Besonders erwähnenswert sind seine Kommentare zu statistischen Methoden in den ersten Bänden. Dies deshalb, weil diese Bemerkungen zu den ersten Diskussionsbeiträgen über die Techniken der statistischen Analyse gehören, die in einer vorwiegend von Historikern geleiteten Zeitschrift erscheinen.

In der Straßburger Zeit gibt es in den beginnenden 1920er-Jahren immerhin vier wissenschaftliche Fächer, die mit der Soziologie um Zuständigkeiten und Deutungshoheiten kämpfen. Halbwachs ist mal mehr und mal weniger intensiv involviert. Die erste Auseinandersetzung findet zwischen der Soziologie und der Geschichtswissenschaft statt.

Soziologie und Geschichtswissenschaft

Aus dem Aufeinandertreffen der aufstrebenden Historiker Marc Bloch und Lucien Febvre mit dem Soziologen Halbwachs resultiert eine Auseinandersetzung über die Beziehung und die Wertigkeit der beiden Fächer zueinander. Obwohl Halbwachs den Wert der Geschichte durchaus anerkennt, hält er ganz im Sinne der Durkheimianer an der Überlegenheit der Soziologie fest. Die Historiker seien zum einen für das Bereitstellen von Fakten zuständig, die die Soziologen sodann interpretieren würden (CRAIG 1981: 299), zum anderen akzeptiert aber Halbwachs weitgehend, dass sich die zu erforschenden »sozialen Tatsachen« (*faits sociaux*) nur mit Bezug auf ihren historischen Ursprung und ihre Entwicklung hinreichend verstehen lassen. Von den zwei Linien der Durkheim-Schüler erweisen sich Marcel Mauss und Célestin Bouglé stärker an der Geschichte interessiert als auf der anderen Seite Halbwachs und Simiand (MOEBIUS 2022: 70f.). Für die Historiker ist es jedoch nur schwer zu akzeptieren, wie die Durkheimianer versuchen, eine Trennung der ›wissenschaftlichen‹ Methode der Soziologie einerseits und der historischen Methode andererseits zu etablieren (vgl. CRAIG 1979: 283). Bemerkenswerterweise empfehlen Bloch und Febvre trotz dieser ›Gebietsstreitigkeiten‹ ihren Historikerkollegen erstens, sich mit den von Halbwachs und Simiand etablierten quantitativen Methoden auseinanderzusetzen und diese für ihre eigenen Arbeiten zu nutzen (vgl. CRAIG 1981: 310), und zweitens halten beide eine enge Zusammenarbeit mit den Soziologen für unbedingt notwendig. Eine zentrale Aufgabe der *Annales* soll es gerade sein, der »dogmatischen Trennung«, aber auch der offensichtlich vorhandenen gegenseitigen Geringschätzung entgegenzuarbeiten. Ein auf beiden Seiten intendierter Lernprozess kann beginnen (vgl. BLOCH 1925: 82).

Soziologie und Psychologie

Ein weiteres Konfliktfeld betrifft die Auseinandersetzung zwischen Soziologie und Psychologie. Durkheim hat hier insofern eine radikale Position vertreten, als er davon ausging, die kollektive Psychologie stelle nur einen Zweig der Soziologie dar. Halbwachs steht in diesem Streit – ganz ähnlich wie Mauss (vgl. MOEBIUS 2022: 103ff.) – für eine differenziertere Sichtweise. Für ihn, der für eine gewisse Zeit wohl selbst mit dem Gedanken spielt, Psychologe zu werden, hat die »Psycho-Physiologie« ebenso »ihren Bereich [...] wie die Sozialpsychologie den ihren« (HALBWACHS 1985: 22, Fn. 3). Dennoch hält Halbwachs an der Überzeugung fest, Gedächtnis und Selbstmord seien explizite soziologische Untersuchungsgegenstände und dass man die Erklärung dieser Phänomene gegen einen psychologischen Determinismus verteidigen müsse (CRAIG 1979: 279).

Charles Blondel, der in Straßburg lehrende Sozialpsychologie, erweist sich hier als eigentlicher Gegenspieler Halbwachs'. In einem sehr informativen Artikel beschäftigt sich Laurent Mucchielli (2003) mit dem Durkheim'schen Erbe bei Halbwachs und dessen Auseinandersetzung mit seinem Konkurrenten Charles Blondel. Mucchielli argumentiert, es gehe dabei auch immer um den Streit zweier Disziplinen: Soziologie und Psychologie. Während Halbwachs vom Vorrang der Soziologie her denkt, wehrt sich Blondel gegen die – aus seiner Sicht unzulässigen – Übergriffe eines »soziologischen Imperialismus« oder »Pansoziologismus« (ebd.). Mucchielli hält rückblickend die Auseinandersetzung zwischen den zwei Kontrahenten für gescheitert, da man lediglich zu einer klassischen Aufteilung der Kompetenzen und der Gebiete gelangt sei: dem Soziologen die Gesellschaft, dem Psychologen das Individuum. Halbwachs hält letztlich die kollektiven Repräsentationen für eindeutig und entscheidend, allerdings vermag er – so lautet ein bedenkenswerter Einwand – dann nicht mehr psychische Individualität jenseits von kollektiven Repräsentationen zu erklären. Ebenso wenig gelingt es allerdings Blondel, der Persönlichkeit des Individuums den nötigen Erklärungswert beizumessen.

Soziologie und Geografie (soziale Morphologie versus Humangeografie)

Ein drittes Streitgebiet zeichnet sich zwischen den Fächern Soziologie und Geografie ab. Dem liegt jedoch ein prinzipielles Interesse an soziologischen Fragestellungen von Seiten der *Annales*-Schule-Historiker rund um Febvre und Bloch zu Grunde. Die zu Beginn der 1920er-Jahre entstehende *geographie humaine* beschäftigt sich mit Bevölkerungsverteilungen und deren Dichte ebenso wie mit den vielfältigen Verbindungen »einer historischen Prägung von ›Kulturlandschaft‹ und ›Lebensweise‹, die dann in eine sehr ›bodenständige‹ Geschichte der ›Mentalitäten‹ einmünden wird« (EGGER 2002: 114). Gegen ein herkömmliches Verständnis der Geschichte gerichtet, macht man sich auf die Suche nach neuen Verbündeten, und dabei liegen die benachbarten sozialwissenschaftlichen Fächer am nächsten. »Die Annales machten offen Front gegen die Zunft und suchten sich Verbündete in den anderen Sozialwissenschaften, zunächst in der Soziologie Durkheims [...] und in der ›Humangeographie Vidal de la Blaches‹« (HONEGGER 1977: 11). Ganz in diesem Sinne empfiehlt Lucien Febvre im Jahr 1922 – in Anlehnung an seinen Lehrmeister Paul Vidal de la Blache – den

Soziologen, respektive den »Sozialmorphologen«, sich in ihren Arbeiten auf die Ergebnisse der Humangeografie zu stützen (CRAIG 1979: 281). Halbwachs kann das Anliegen der Geografie durchaus verstehen, allerdings betrachtet er die morphologischen Tatsachen als soziale Tatsachen:

> »Es ist durch die soziale Oberfläche bedingt, durch die man die [sozialen Tatsachen] betrachten muss: man muss diese an soziale Tatsachen ähnlicher Natur koppeln. Dort, wo die Geografie Unterschiede identifiziert, findet die Morphologie häufig identische Phänomene vor und vice versa. Jede dieser Wissenschaften kann sich nicht ohne die andere konstituieren und auch nicht, ohne auf die andere überzugreifen« (HALBWACHS 1925a: 308).

Ähnlich wie zuvor bei der Auseinandersetzung mit der Psychologie gibt es ganz offensichtlich eine große Nähe, aber dennoch keine wirkliche Annäherung zwischen der sozialen Morphologie einerseits und der Humangeografie andererseits.

Soziologie und Wirtschaftswissenschaften

Als viertes Streitgebiet entwickelt sich im Lauf der Straßburger Zeit die Auseinandersetzung zwischen der durkheimianisch geprägten Soziologie und den Wirtschaftswissenschaften. Halbwachs und Simiand wenden sich wiederholt gegen eine Mathematisierung der Ökonomie, die sich vor allem in den 1930er-Jahren an den englischen und amerikanischen Universitäten, aber beispielsweise auch am *Centre Polytechnicien d'Etudes Economiques* in Paris durchzusetzen beginnt. Und damit nicht genug: Französische Ökonomen wie etwa Georges und Edouard Guillaume, die die Richtung der abstrakten und mathematisierten Ökonomie vertreten, betonen die vermeintlichen Gefahren einer stärkeren Verbreitung von empirischen und statistischen Verfahren. Ebenso wehren sie sich gegen eine Reduktion ökonomischer Trends auf psychologische Faktoren (CRAIG 1983: 278). Genau eine solche Verbindung zwischen statistischen Analysen und empirischen Datenerhebungen favorisieren aber Simiand und Halbwachs, denen es letztlich um eine *soziologische* Ökonomie geht (PFEFFERKORN 1996: 31f.).

Trotz großer Vorbehalte gegenüber dem Programm einer empirisch verfahrenden soziologischen Ökonomie werden einige Arbeiten von Simiand und Halbwachs aus wirtschaftswissenschaftlicher Sicht durchaus positiv besprochen; so wird über mögliche Brückenschläge zwischen gesellschaftlicher Wirklichkeit und mathematischer Abstraktion nachgedacht (ebd. 278). Halbwachs bleibt jedoch gegenüber der etablierten Wirtschaftswissenschaft weiterhin skeptisch, zu eindeutig sind die Grundfesten dieser *Sozialwissenschaft* auf die Figuren des rationalen *homo oeconomicus* abonniert und auf abstrakte Modellbildungen eingestellt: »Ebenso wie Simiand weigerte er sich, soziale Faktoren auf wenige *a priori* etablierte, schlichte mathematische Gesetze zu reduzieren. Er vertrat die Ansicht, die sozialen Bedingungen der Datenerzeugung verböten den brutalen Gebrauch einer auf soziale Tatsachen angewendeten Wahrscheinlichkeitstheorie« (LEBARON 2001: 59).[8]

Die Annales sociologiques *(1934 - 1942)*

Die *Annales sociologiques* wird unter Federführung von Marcel Mauss im Jahr 1934 zur Nachfolgerin der von Durkheim gegründeten und dann – wohl aus finanziellen Gründen – eingestellten *Année sociologique*. Diese für die folgenden Jahre wichtigste Zeitschrift, deren Sekretär Halbwachs für ein Jahr ist, erscheint bis 1942. Wenngleich hier »mehr Artikel mit empirischen und mit gewissem aktuellen Bezug« publiziert werden als in der Vorgängerzeitschrift, »so beschränkte sich die Soziologie weiterhin hauptsächlich auf Sekundäranalysen historischen Materials« (POLLAK 1978: 22). Die *Annales sociolo-*

8 Dass der Erfolg der formalen und mathematisierten Ökonomie soziologisch erklärungsbedürftig ist, hat Halbwachs womöglich erkannt, aber nicht explizit in seine Analysen einbezogen (STEINER 2003: 52f.).

giques erscheint in fünf getrennten Serien, die unter der Federführung verschiedener Personen stehen. Insgesamt werden 19 relativ disparate Hefte publiziert, die das Ende des von Durkheim gelebten Traums eines kollektiven Unternehmens markieren (HEILBRON 1985: 212). Treue Mitarbeiter, die bereits zu der alten Zeitschrift beigetragen hatten, sind nicht mehr dabei (Georges Davy, Louis Gernet, Jean Marx, Dominique Parodi, Philippe de Felice, Lucien und Henri Lévi-Bruhl), was die fortlaufende Zersplitterung der Durkheim-Gruppe in diesen Jahren verdeutlicht. Halbwachs bleibt, wie Marcel Mauss übrigens auch, sehr aktiv und er ist es auch, der häufig als Hauptautor fungiert und viele Beiträge mit einer großen Bandbreite veröffentlicht. Angeregt durch sein wissenschaftliches Milieu und durch seine vielfältigen Verflechtungen und interdisziplinären Interessen trägt Halbwachs zweifellos zu einer Erweiterung der Durkheim'schen Perspektive bei. Er öffnet die französische Soziologie für die Bereiche der Ökonomie, der Psychologie, der Geschichte und übergreifend auch für die Statistik und trägt so zu einer Veränderung der Soziologie insgesamt bereits zu Lebzeiten bei. Hierbei ist die Bedeutung der Mitarbeit in den verschiedenen Zeitschriften, vor allem in der *Année sociologique* und der *Annales sociologiques*, kaum zu überschätzen.

IV. Einflüsse, Lehrer und Weggefährten

Hinsichtlich der zentralen Einflüsse auf Halbwachs stehen der Philosoph Henri Bergson (1859-1941) und der Soziologe Émile Durkheim (1858-1917) an erster Stelle. Zeit ihres Lebens sind sie für Halbwachs nicht nur Lehrer, sondern auch vorbildartige Vaterfiguren: Ganz in diesem Sinne üben beide auf ihn wiederholt und dauerhaft sowohl Gefühle der Anziehung als aber eben auch der Distanzierung aus. François Simiand (1873-1935), von Hause aus Ökonom, ist in gewisser Hinsicht auch ein Lehrmeister von Halbwachs, später allerdings vor allem ein guter Freund und Kollege. Marcel Mauss (1872-1950), der neben Halbwachs zweite prominente Soziologe in der Nachfolge Durkheims, bekleidet zugleich die Rolle des Weggefährten, Freundes und Konkurrenten. Charles Blondel (1876-1939) spielt für Halbwachs eine zentrale Rolle sowohl als Straßburger Kollege als auch Konkurrent auf dem Gebiet der Sozialpsychologie/kollektiven Psychologie. Seine Einschätzung zu diesen Lehrern, Weggefährten und Kollegen/Konkurrenten sowie zum Stand der damaligen französischen Soziologie liefert Halbwachs hauptsächlich in einem Gespräch mit Earle Edward Eubank (KAESLER 1985: 125f.).

Henri Bergson

Henri Bergson, jüdischer Herkunft und Erziehung, gehört zum selben Jahrgang der *Normaliens* (1878), den erklärten Eliteschülern Frankreichs, wie der spätere Sozialistenführer Jean

Jaurès. Der charismatische und überaus erfolgreiche Philosoph, der im Jahr 1927 den Nobelpreis für Literatur erhält, prägt die französische Philosophie zu Beginn des 20. Jahrhunderts wie kaum ein anderer. Von 1900 bis 1921 ist er Professor am Collège de France in Paris. Halbwachs studiert bei ihm drei Jahre lang in der Vorbereitungsklasse (*khâgne du lycée Henri IV*) Philosophie und schreibt bei ihm sein erstes Buch über *Leibniz* (1906). Dieser frühe Lehrmeister habe ihn, wie Halbwachs selbst bemerkt, stark beeindruckt: »Ich weiß nicht einmal, ob dieser Einfluß nicht unauslöschlich gewesen ist« (Halbwachs in: FRIEDMANN 1978: 201). Umso erstaunlicher ist, wie stark sich Halbwachs faktisch von Bergson inhaltlich entfernt, denn sein eigener Ansatz »wandte sich, freundlich aber kompromisslos, gegen nahezu alles, was Bergson gelehrt hatte« (DOUGLAS 1980: 1). Obwohl Halbwachs in seinen Arbeiten Bergsons Werke immer wieder zitiert, scheinen sie doch für ihn eher als Inspirationsquelle zu dienen sowie vor allem zur Abgrenzung und Selbstvergewisserung der eigenen Position, und zwar in wachsendem Maße, je mehr er sich Durkheim und den Sozialwissenschaften insgesamt zuwendet.

Den von Bergson vertretenen ›Subjektivismus‹ und das Beharren auf der Intuition als Weg zur Erkenntnis fasst Halbwachs bald als (spekulative) Metaphysik auf.[9] In *Materie und Gedächtnis* (Orig. 1896, dt. 1991) stellt sich Bergson dem bekannten cartesianischen Problem der *Wechselwirkung* zwischen Körper und Seele oder zwischen Materie und Geist. Das Gedächtnis erhält eine prominente Stellung hinsichtlich dieser Wechselwirkung. Bergson versteht das biologische Gehirn nicht als Speicher oder »Behälter mit Erinnerungen« (ENGELL 2001: 79), sondern als ein Instrument, das die Erinnerung bewerkstelligt, also als Organ zur (wiederholten) Wahrnehmung bereits

9 Eine andere, affirmative Lesart entwickelt Gilles Deleuze in seiner Einführung zu Bergson, besonders in dem Kapitel ›Das Gedächtnis als virtuelle Koexistenz‹ (DELEUZE 1989: 69f.). Deleuze übernimmt von Bergson die Idee der Dauer und der Körperzeit, in der der Körper selbst Differenz hervorbringt, ohne dafür Anstoß von außen zu benötigen.

vergangener Wahrnehmungen. Diesen wiederum eignet eine Eigenrealität vergleichbar mit den wahrgenommenen Außenbildern, sodass vergangene – und insofern erinnerte sowie gegenwärtige – wahrgenommene Bilder als unmittelbar koexistent in einer vorgestellten Gesamtgegenwart oder Dauer aufgehoben sind (vgl. ENGELL 2001: 79). In einer Art Zusammenschau beschreibt Bergson sein Verständnis unseres Bemühens, eine Erinnerung wiederzufinden beziehungsweise eine bestimmte Periode unserer Geschichte wachzurufen:

> »[dann] haben wir das Bewußtsein von einem Vorgang *sui generis*, durch welchen wir uns von der Gegenwart loslösen, um uns erst einmal ganz allgemein in die Vergangenheit, dann in eine bestimmte Region der Vergangenheit zurückzuversetzen: ein probierendes Herumtasten ähnlich wie beim Einstellen eines photographischen Apparates. Unsere Erinnerung bleibt aber dabei noch virtuell; wir machen uns lediglich geschickt, sie zu empfangen, indem wir die geeignete Haltung einnehmen. Nach und nach erscheint sie wie ein dichter werdender Nebel; vom virtuellen geht sie in den aktuellen Zustand über [...]« (BERGSON 1991: 127f.).

Zwei Arten des Gedächtnisses müssen Bergson zufolge unterschieden werden: ein bewegungs- und gewohnheitsgestütztes (Körper-)Gedächtnis (*mémoire-habitude*) einerseits und ein Erinnerungsgedächtnis, das die Vergangenheit als Ganzes konserviert und insofern der Zeit als Dauer korrespondiert (*mémoire-souvenir*). Ersteres sei ein Gedächtnis, das wiederholt, beim Zweiten handele es sich um ein Gedächtnis, das vorstellt (BERGSON 1991: 71).

Im Unterschied zu Bergson und dessen ›Subjektivismus‹ zeigt Halbwachs in seinen Studien zum kollektiven Gedächtnis, dass das Gedächtnis gerade nicht das Vermögen eines isolierten Individuums ist, sondern das einer ganzen Gemeinschaft beziehungsweise einer Gruppe. Damit Erinnerungen festgehalten werden können, sei ein sozialer Rahmen (*cadre*) erforderlich. Für Bergson dagegen sind Erinnerungen wesentlich subjektiv, demgegenüber das historische Gedächtnis nur äußerliche Faktensammlungen bereitstellen könne, die erst durch individuelle Aneignung bedeutungsvoll würden. Halbwachs versteht dies genau umgekehrt. Ihm zufolge ist das individuelle Erinnerungsbild lediglich als unvollständige und verstümmelte kollektive Vorstellung anzusehen. Nur durch raumzeitliche Bestimmungen und Verortungen innerhalb des öffentlichen Geschichtsbildes komme dieses individuelle Erinnerungsbild zu sich: »Es würde in diesem Sinne ein kollektives Gedächtnis und einen gesellschaftlichen Rahmen des Gedächtnisses geben, und unser individuelles Denken wäre in dem Maße fähig sich zu erinnern, wie es sich innerhalb dieses Bezugsrahmens hält und an diesem Gedächtnis partizipiert« (HALBWACHS 1985: 21).

Émile Durkheim

Der im Jahr 1858 im lothringischen Épinal geborene Émile Durkheim, der als *chargé de cours* für Sozialwissenschaft und Pädagogik »die erste Dozentur für Soziologie an einer französischen Universität« (MÜLLER 1999: 152) erhält, institutionalisiert an Frankreichs Universitäten die *sciences sociales*. Er wird zum ›rationalistischen‹ Antipoden des sogenannten ›Irrationalisten‹ Bergson. Während Bergson für einen ›Innerlichkeitskult‹ (NIETHAMMER 1990: 317) und Individualität steht, kämpft der charismatische Durkheim für die Etablierung eines empirischen Rationalismus und die Anerkennung seiner religionssoziologischen Lehre von den ›kollektiven Repräsentationen‹ und dem kollektiven Bewusstsein (vgl. GRESLE 1989). Durkheim muss aufgrund seiner disziplinbildenden Ambitionen und der damit verbundenen Erfolge als *der* Gründervater der akademischen Soziologie in Frankreich überhaupt gelten (vgl. KOENIG 2008: 5). In einem Gespräch mit Earle Edward Eubank, das im Sommer 1934 stattfindet, gelangt Halbwachs zu der kaum überraschenden Einschätzung, derzufolge er Émile Durkheim als den »vielleicht Größte[n] von allen« betrachtet (in: KÄSLER 1985: 129).

In seiner umfangreichen Arbeit *Die Lehre Émile Durkheims* (Orig. 1918, dt. 2001d) verdeutlicht Halbwachs die für ihn inspirierende Auseinandersetzung mit seinem Lehrer, den er im Jahre 1905 kennenlernt. Halbwachs legt seine eigenen theoretischen und methodischen Prämissen dar, die er stetig und produktiv zu erweitern versteht. Hierbei hält er es im Einklang mit seinem großen Lehrer für vergeblich, Gesellschaft von den Individuen her zu erklären. Ganz Durkheimianer misstraut er der individuellen Psychologie, die »auf eine Art Seelenschau« (HALBWACHS 2001d: 12) hinauslaufen würde. Dennoch sind es sehr wohl psychische Tatbestände, die den Gegenstand der Soziologie ausmachen: Entscheidend ist jedoch, dass ihr Charakter nicht individuell und deshalb auch keineswegs ›subjektiv‹ ist. Vielmehr greifen die kollektiven Vorstellungen »über das individuelle Bewusstsein hinaus, verwirklichen sich aber einzig in dem individuellen Bewusstsein« (KÖNIG 1978: 69).

Durkheim, dessen Arbeiten die in zwei Lager gespaltene wissenschaftliche Zunft zu Beginn des 20. Jahrhunderts entweder mit Wohlwollen oder mit Ablehnung begegnet, habe es verstanden, »unseren Vorstellungen von der Familie, der Religion, der Moral, dem Recht jeden geheimnisvollen oder übernatürlichen Zug« (HALBWACHS 2001d: 81) zu nehmen, dabei immer den Blick auf eine umfassende Wissenschaft sozialer Tatsachen legend: Diese als Aufklärung zu begreifende ›Wissenschaft vom Menschen‹ erstreckt sich auf sämtliche Lebensäußerungen des durch und durch gesellschaftlichen Menschen. Halbwachs teilt gleichfalls den Durkheim'schen ›Szientismus‹, demzufolge es keine Verbindlichkeit beanspruchende Wissenschaft vom ›Besonderen‹ geben könne. Bekanntlich ist es Durkheims primäre Absicht, die sozialen Strukturen des Denkens offenzulegen, wobei die Entsprechung sozialer und mentaler Strukturen als entscheidende Ausgangsüberlegung fungiert (HALBWACHS 2001d: 80).

Im Unterschied zu Durkheim erweist sich Halbwachs in seinen Arbeiten sowie in Diskussionen mit Kollegen aus benachbarten Disziplinen als weniger dogmatisch. Vielmehr zeigt er sich interessiert an interdisziplinären Fragestellungen, gleichfalls ist er aufmerksam für Gegenargumente (CRAIG 1979: 276; MARCEL 2001: 3). Halbwachs gilt im Vergleich zu Durkheim eher als schüchtern, wenig autoritär und kaum charismatisch. Angesichts dieser Persönlichkeitsunterschiede darf nicht vergessen werden, dass für Durkheim genau solche Charaktereigenschaften sowie Durchsetzungsvermögen und manipulatives Geschick von Vorteil bei der Etablierung der Soziologie als eigenständige Disziplin sind (vgl. HEILBRON 1985: 223).

Der frühe Tod Durkheims 1917 beendet eine weitere fruchtbare Zusammenarbeit mit den Hauptvertretern seiner Schule, Halbwachs und Mauss. Dennoch werden beide niemals vergessen, was sie Durkheim zu verdanken haben.

François Simiand

François Simiand (1873-1935) studiert u.a. bei Henri Bergson und bei Émile Durkheim. Wie seine beiden Lehrer wird er *Normalien*, sein Interesse gilt aber primär der Ökonomie und nicht der Philosophie oder der Soziologie. Ganz anders als die klassischen Ökonomen versucht er, die Ökonomie als Sozialwissenschaft im Sinne der Beobachtung von empirisch prüfbaren Tatsachen zu verstehen (vgl. MONTIGNY 1999: 35f.). Um diesen radikalen Anspruch einlösen zu können, bedürfe es sowohl historischer als auch statistischer Forschung. In puncto eines »systematic reflexive use of statistics« (LEBARON 2001: 58) findet Simiand später in Halbwachs einen Gleichgesinnten und Verbündeten. Gegen Ende des 19. Jahrhunderts wird Simiand Mitglied des Herausgebergremiums der *Année sociologique*. Er betreut editorisch – zeitweise mit Halbwachs zusammen – deren Sektion soziologische Ökonomie. Ab dem Jahr 1905 schreibt Simiand Zusammenfassungen zu den Arbeiten Max Webers. Später wird allerdings Halbwachs zu dem hauptsächlichen Exegeten Webers unter den Durkheimianern (MARCEL 2001: 148).

Als 1931 François Simiand im bereits fortgeschrittenen Alter von 58 Jahren auf den Lehrstuhl für die Geschichte der Arbeit ans Collège de France berufen wird, freut sich Halbwachs sehr für seinen Kollegen und Freund. Davor ist der in Deutschland immer noch kaum bekannte Simiand im Conservatoire national des arts et métiers beschäftigt. Neben Marcel Mauss, der im Februar 1931 ans Collège berufen wird, arbeiten jetzt schon zwei Durkheimianer an dieser weltberühmten Institution. Wie Halbwachs 1934 formuliert, sei Simiand »ohne jeden Zweifel der beste soziologische Theoretiker der Gegenwart« (in: KAESLER 1985: 131). Zeitlebens empfindet Halbwachs Freundschaft und kollegiale Verbundenheit mit Simiand:

> »Simiand, den ich sein ganzes Leben über begleiten durfte, dessen freundschaftliche Bande zu mir Sie die Güte hatten zu erwähnen, jener Freund, dessen Gedanken mir immer so vertraut gewesen sind, er war unser Ökonom, war auch unser Methodologe« (HALBWACHS 2001d: 166).

Allerdings fällt seine Einschätzung anlässlich des Todes von Simiand im Jahr 1935 deutlich kritischer aus (ebd.: 166). Halbwachs schreibt:

> »Vielleicht war er für mich vor allem ein mit einem starken und autoritären Willen ausgestatteter Lehrmeister; auch mit einigen lockeren und emotionalen Phasen, aber diese waren stark mit einem Gefühl von Herrschsucht gepaart. Er hatte – ich weiß es nicht genau – etwas Unmenschliches in der Art eines Übermenschen« (zitiert nach BECKER 2003: 299).

In seinem Aufsatz *Ein rationalistischer Empirismus* (1936) erweist sich Halbwachs als profunder Kenner der Methodologie François Simiands. Hier demonstriert er überzeugend die Ablehnung, die Simiand als damaliger ökonomischer Kopf der Durkheimianer gegenüber einer von Kant ausgehenden scholastisch-rationalistischen Neigung und deren Umsetzung in konzeptuelle und abstrakte Methoden hegt. Der wie Halbwachs philosophisch geschulte Simiand, der nicht von Gesetzen, sondern lieber von »regelmäßigen Tatsachenbeziehungen« spricht, wird vielleicht ein wenig überraschend von

Halbwachs gleichermaßen als ›Rationalist und Empirist‹ vorgestellt (HALBWACHS 2001d: 123). Halbwachs liefert dafür die folgende Begründung: Simiand habe nie eine soziale Natur bestimmter Zusammenhänge behauptet, ohne dass diese ihm nicht durch gewisse empirische Beobachtungen sinnfällig geworden wären. Anders gesagt: »Sie haben sich ihm nur als regelrechte Tatsachen aufgezwungen«, schreibt Halbwachs an einer wichtigen Stelle (ebd.: 133). Jede Wissenschaft benötige insofern eine empirische Grundhaltung, die im Verbund mit gedanklicher Arbeit zu stehen habe, und die es erreichen müsse, die empirischen Wahrnehmungen in sinnvolle, rational überprüfbare Sätze zu formen. Vertieft werden diese Überlegungen, die besonders auch an das von Auguste Comte eingeführte Gesetzesdenken in der Soziologie kritisch anschließen, im Aufsatz *Das Gesetz in der Soziologie* (1934). Der kurze Text *Die Sicht des Soziologen* (1937) ruft nochmals François Simiand als ungewöhnlichen Ökonomen – im Vergleich etwa zu Adam Smith – und unorthodoxen Methodologen in Erinnerung.

Marcel Mauss

Marcel Mauss, Neffe von Émile Durkheim, ist zu Beginn der 1890er-Jahre Durkheims Schüler an der Philosophischen Fakultät in Bordeaux. Ab 1898 etabliert sich Mauss – nicht zuletzt in der im selben Jahr gegründeten Zeitschrift *Année sociologique* – als ein ebenso kongenialer Mitarbeiter wie späterer Verwalter und Fortführer des wissenschaftlichen Erbes seines Unkels. Für viele gilt er – meistens noch vor Halbwachs – als der wichtigste Soziologe der Zwischenkriegszeit und zugleich als »das Haupt der heutigen Durkheimschule« (KÖNIG 1978: 60; LÉVI-STRAUSS 1945: 512; MOEBIUS 2022). Mauss wird im Jahr 1931 mit Unterstützung von Halbwachs ans Collège de France berufen; 1940 zu Zeiten der Vichy-Regierung tritt er als Professor sowie als Präsident der religionswissenschaftlichen Sektion zurück. 1945 wird er schließlich Ehrenpräsident des Collège de

France. Nur wenige Jahre später stirbt Mauss zurückgezogen und entkräftet von den Kriegswirren (MOEBIUS 2022: 49).

In ihrer breit angelegten Biografie über Halbwachs und die Zeit von 1914 bis 1945 beschreibt die Historikerin Annette Becker das Verhältnis zwischen beiden als eines, bei dem Halbwachs starke intellektuelle Freundschaft gegenüber Mauss empfindet, die auch fortbesteht, als die Rivalität um die legitime Nachfolge des Durkheim'schen Erbes zwischen beiden Protagonisten offensichtlicher wird (BECKER 2003: 395). Das Verhältnis kann natürlich – bei aller Gemeinsamkeit – nicht frei von Konkurrenzgefühlen gewesen sein. Das von seinen Studenten zu Beginn der 1920er-Jahre verwendete geflügelte Wort, Mauss wisse alles (»Mauss sait tout«), versinnbildlicht eindrücklich, dass jener mit seinem Auftreten besser zu brillieren wusste und deutlich mehr Charisma versprühte als Halbwachs (vgl. MOEBIUS 2022: 14).

Aus einer inhaltlichen Perspektive heraus entwickeln Halbwachs und Mauss in der Zwischenkriegszeit die Soziologie als *kollektive Psychologie* je unterschiedlich fort, »während Mauss das Feld markierte und die Methoden der kollektiven Psychologie erweiterte, erforschte Halbwachs konkrete Objekte (Gedächtnis, Selbstmord, soziale Klassen), die er mit passenden Konzepten verband, die dieser neuen, stärker ›psychologischen‹ Perspektive entsprachen« (MARCEL 2004: 75). Bei Mauss' wissenschaftlicher Karriere zeigt sich von Anfang an ein deutlicher Bezug zur Anthropologie/Ethnologie, der Halbwachs wiederum fast vollständig fehlt (MAUSS 1991, 1999): Mauss weiß sich zuständig für die Kultur- und Religionssoziologie sowie die Ethnologie, Simiand gilt als Spezialist für Ökonomie und Lohnfragen und Halbwachs beansprucht – ähnlich wie Mauss – die Rolle des Soziologen im breiteren Sinne (AMIOT 1991: 267). Durch diese Form der Arbeitsteilung kann die Konkurrenz abgemildert werden, sodass jeder sein eigenes Gebiet besetzt und dem anderen nicht in die Quere kommt. Das gemeinsame Bewahren und das Vorantreiben des Durkheim'schen Erbes liegt Mauss, der neben Simiand und Fauconnet eben auch Halbwachs als Nachfolger Durkheims bezeichnet, am Herzen (MAUSS 1983: 139).[10]

Halbwachs zeigt sich gegenüber seinem Freund Mauss loyal. So tritt er bei der Wahl im Jahr 1931 von Mauss ans Collège de France als Kandidat *en seconde ligne* an, um diesen in eine günstige Position zu bringen. Er kann ihm gegenüber aber auch sehr bestimmt auftreten, wenn etwa Mauss angekündigte Beiträge für die *Annales sociologiques* nicht liefert (FOURNIER 1994: 589, 646).

Charles Blondel

Der *Normalien* Charles Blondel legt im Jahr 1900 sein Staatsexamen in Philosophie ab. Als doppelt promovierter Wissenschaftler in Medizin (1906) sowie Philosophie (1914) interessiert sich der interdisziplinär orientierte Blondel zunehmend für Fragen der Psychopathologie (MUCCHIELLI 2003: 71). Nach vielen Jahren an der Universität Straßburg übernimmt er im Jahr 1937 den Lehrstuhl für experimentelle Psychologie an der Pariser Sorbonne, ehe »er 1938 die Nachfolge von Georges Dumas auf dem Lehrstuhl für Psychopathologie antritt« (ebd.: 76).

Im gleichen Jahr wie Halbwachs (1919) wird Blondel berufen, und zwar als Psychologe an die Faculté des Lettres in Straßburg. Fortan positioniert sich Blondel, den Halbwachs für »très durkheimien« (FOURNIER 1994: 488) hält, als Kollege und Kritiker, der über den Tellerrand der Psychologie hinaus blickt. In einem Gespräch mit Earle Edward Eubank im Sommer 1934 äußert sich Halbwachs wie folgt über Blondel:

> »Professor für pathologische Psychologie; er ist fast ein Soziologe und wir arbeiten eng zusammen und in der gleichen Richtung. Die anderen Sozialwissenschaften sind uns freundschaftlich gesonnen

10 Über das beeindruckende Spektrum der Arbeiten von Marcel Mauss informiert Stephan Moebius in seiner Einführung (2022).

und der ›soziologische Gesichtspunkt‹ setzt sich immer stärker durch […]« (in: KAESLER 1985: 128).

Diese positive Einschätzung von Blondel als ›Fast-Soziologe‹ erwidert dieser mit einer ambivalenten Besprechung des Halbwachs'schen Werkes *Das Gedächtnis und seine sozialen Bedingungen* (1925a). Obwohl sich bei dieser Arbeit zeige, welche guten Dienste die Soziologie der Psychologie erweisen könne (sic!), kritisiert Blondel den vermeintlichen Übergriff vonseiten der Soziologie auf das eigentlich neurologische Fachgebiet (BLONDEL 1926: 298). Er warnt zudem eindrücklich vor soziologischem Imperialismus oder Pansoziologismus (ebd.). Aber auch Halbwachs scheint mit seiner mitunter etwas sehr positiv anmutenden Einschätzung ihrer kollegialen Beziehung zu übertreiben. Der das durchaus freundschaftlich geprägte Verhältnis konkurrenzbewusster erlebende Blondel stemmt sich vehement gegen den proklamierten Führungsanspruch der soziologischen Durkheim-Schule, zudem fällt »der Schatten Bergsons« auf »die Möglichkeiten einer Kooperation« (NIETHAMMER 2000: 319; BLONDEL 1926: 295). Zweifellos zählt die wiederholte Auseinandersetzung mit Blondel zu den wichtigen Erfahrungen im intellektuellen Leben Halbwachs'. Blondel spricht sich seinerseits für eine Aufteilung der psychologischen Disziplin in drei Bereiche aus: Eine erste Form der Psychologie wäre Blondel zufolge kollektiv, eine Weitere physiologisch und artspezifisch, die Dritte schließlich differenziell. Halbwachs äußert sich jedoch skeptisch bezüglich solcher und ähnlicher Ausführungen Blondels, gerade dann, wenn dieser zwischen die Physiologie und eine soziologische ›Seelenkunde‹ die eigentliche Psychologie als Wissenschaft des Individuums eingeordnet wissen will. Halbwachs wendet sich hier explizit gegen eine zu enge Kooperation zwischen einer Individualpsychologie einerseits und einer kollektiven Psychologie/Soziologie andererseits (CRAIG 1983: 269).

Als Grundtatsachen der ›kollektiven Psychologie‹ begreift Halbwachs dagegen die Gruppen und jene Antriebe und Vorstellungen, die verschiedene gesellschaftliche Kreise teilen (vgl. HALBWACHS 2001c: 32). Innerhalb der so verstandenen Kollektivpsychologie möchte er zwei Bereiche auseinanderhalten: In einem ersten allgemeinen Teil soll der Sozialforscher die Eigenarten und die Wirkungen des kollektiven Denkens untersuchen, die sich in allen Gesellschaften finden lassen. Diesem Teil habe dann eine spezielle ›Psychologie der Kollektive‹, also der Religionsgemeinschaft, der Familie, der Nation, der sozialen Klasse sowie der ökonomischen Gruppe zu folgen (ebd.: 37). Im Lauf der Zeit entwickelt sich zwischen Halbwachs und Blondel ein Konkurrenzverhältnis, das sich vielleicht gerade dadurch ergibt, dass beide etwa gleich alt sind und sich für ähnliche Gebiete innerhalb der Sozialpsychologie/kollektiven Psychologie interessieren.

Konkret wird der Streit der beiden Antagonisten auch in der Debatte über die *Ursachen des Selbstmordes*. Während Blondel der Soziologie die Kompetenz für Fragen der psychiatrischen Psychologie abspricht, was einem auch unmittelbar einleuchten kann, insistiert Halbwachs auf der Bedeutsamkeit des sozialen Milieus und einer kollektiven Dimension. Als Ergebnis kann festgehalten werden, was Halbwachs in einer Rezension zu Blondels Arbeit über den Selbstmord (*Le suicide*, 1933) bemerkt:

> »In Wahrheit kann der Selbstmord, und zwar jeder Selbstmord, von zwei Standpunkten aus betrachtet werden. Es ist die Betrachtungsweise, welche darüber entscheidet, ob man ihn als Ergebnis einer nervösen, von organischen Ursachen bedingten Störung auffasst, oder als Folge einer Störung des kollektiven Gleichgewichts, das aus sozialen Gründen entsteht« (zit. nach MUCCHIELLI 2003: 102).

Aus dem anfänglichen Kooperationswillen der beiden Wissenschaftler wird zunehmend ein Akzeptieren der jeweiligen Zuständigkeit. Ein wahrhaft interdisziplinärer Dialog bleibt jedoch auf der Strecke.

V. Hauptwerke: Drei Studien zum kollektiven Gedächtnis

»Wer sich erinnern will, muss sich dem Vergessen anvertrauen, diesem Risiko des absoluten Vergessens und diesem schönen Glücksfall, zu dem das Erinnern dann wird.« (Maurice Blanchot)

In Halbwachs' Arbeiten zur Soziologie und Sozialpsychologie des Gedächtnisses – die Wichtigsten sind *Les cadres sociaux de la mémoire* (1925a) und *La mémoire collective* (Orig. 1950, kritische Ausgabe 1997) sowie die empirische Studie *La Topographie légendaire des Evangiles en Terre Sainte* (1941, 2008) – zeigt dieser als erster wirklich empirischer Soziologe der französischen Schule (KRÄMER 1999), dass es sich bei Erinnerungen an die Vergangenheit wesentlich um Rekonstruktionen im Lichte der Gegenwart handelt.[11] Statt einer verkürzten, individualistischen Sichtweise belegt Halbwachs im Rahmen seiner ›kollektiven Psychologie‹ eindrucksvoll, in welcher Art und Weise das kollektive Gedächtnis alles andere als ein Archiv ist, das die Ereignisse als Kopie ablegt und als Erinnerung beliebig abrufbar macht. Vielmehr werden diese Ereignisse im ›Prozess des Erinnerns‹ be-

11 Neben Halbwachs gilt Karl Mannheim als »Gründervater der sozialen Gedächtnisforschung« (A. ASSMANN 2002: 185). In den 1920er-Jahren entwickelt der Kunsthistoriker Aby Warburg parallel zu Halbwachs' Gedächtnisstudien seinen Bilderatlas *Mnemosyne* in der Absicht, mit Hilfe von Bildern das vielfältige Weiterleben der Antike in der europäischen Kultur zu veranschaulichen.

arbeitet, wobei gewisse Aspekte (habituell) betont, ausgewählt (vgl. HAHN 2010), andere wiederum vergessen werden und sich das Erinnerte dadurch verformt (vgl. HEINZ 1969). Kollektive Gedächtnisse garantieren ihren Trägern den Zusammenhalt in der Gegenwart und sichern zudem eine Kontinuität, die in die Zukunft verweist. Weil kollektive Gedächtnisse konstitutiv für soziale Gemeinschaften (Familie, religiöse Gruppen, soziale Klassen) sind, setzen sie allfälligen sozialen Unbeständigkeiten eine Form der Dauerhaftigkeit entgegen. Dies ist der spezifische Gegenstand von Halbwachs' erstem und zentralem Werk zum kollektiven Gedächtnis.

Das Gedächtnis und seine sozialen Bedingungen (1925)

Im Anschluss an Henri Bergsons bewusstseinstheoretische Perspektive und die kollektivistische Soziologie von Émile Durkheim ist es Halbwachs' zentrales Anliegen, nachzuweisen, »inwiefern das individuelle und subjektive Gedächtnis immer schon von sozial und kulturell geprägten Rahmenbedingungen abhängt« (QUADFLIEG 2006: 407). In *Les cadres sociaux de la mémoire* (1925a), so der Originaltitel, umkreist Halbwachs in essayistischer Manier seinen Forschungsgegenstand Gedächtnis und Gesellschaft. In den 1920er-Jahren, kurz nach Ende des Ersten Weltkrieges, findet der 1918 nach Straßburg berufene Halbwachs ganz offenbar sein ›Lebensthema‹:[12] eine explizit soziologische Untersuchung des kollektiven Gedächtnisses.

Auf den ersten Blick etwas ungewöhnlich beginnt Halbwachs sein Werk mit einer Analyse von Träumen. Das Erforschen des Traums liefert ihm »sehr ernsthafte Argumente gegen die These von der Subsistenz der Erinnerungen im Un-

12 Annette Becker wundert sich über die Abstinenz des Themas Krieg in den Arbeiten von Halbwachs (BECKER 2003: 151). Ihr zufolge hätte Halbwachs bereits in diesem ersten Werk zum kollektiven Gedächtnis auf die Erfahrungen des Ersten Weltkrieges eingehen müssen. Halbwachs begriff sich aber als Soziologe und nicht als Historiker.

bewussten« (HALBWACHS 1985: 22). Im Übrigen ist das eine Vorstellung, der sowohl Durkheim als auch Freud in ihren Arbeiten folgen. Für den Erinnerungsprozess hält Halbwachs den Bezug zur Gegenwart für konstitutiv, von der aus eine Lokalisierung stattfinden kann. Daraus resultiert unmittelbar, »dass die Vergangenheit nur in Gegenüberstellung zur Gegenwart als Vergangenheit erkennbar sein kann« (QUINDEAU 2004: 92). Ein solcher Bezug zur Gegenwart ist Halbwachs gemäß gerade nicht im Traum oder im Schlaf vorhanden.

Welche Unterschiede zu Freud lassen sich feststellen? Der Begründer der Psychoanalyse behauptet in seinem berühmten Werk *Die Traumdeutung* (1900): »Dass alles Material, das den Trauminhalt zusammensetzt, auf irgendeine Weise vom Erlebten abstammt, also im Traum reproduziert, *erinnert* wird, dies wenigstens darf uns als unbestrittene Erkenntnis gelten« (FREUD 1989 [1900]: 38). Im Gegensatz dazu geht es für Halbwachs um eine *rekonstruktive Reproduktion der Erinnerung*, und eben nicht um das Erlebnis selbst:

> »In der Tat gehört eine Erinnerung von dem Moment an, wo sie sich mehrere Male eingestellt hat, nicht mehr der chronologischen Reihe der Begebenheiten an, die nur einmal stattgefunden haben; oder vielmehr: über diese Erinnerung (angenommen, daß sie sich als solche im Gedächtnis hält) schieben sich eine oder mehrere Vorstellungen, diese aber entsprechen nicht mehr dem einen nur einzigen Mal gesehenen Ereignis, da man es ja mehrmals in Gedanken gesehen hat« (HALBWACHS 1985: 30).

An dieser Stelle erkennt man bereits deutlich den *konstruktiven Charakter* des Halbwachs'schen Erinnerungsbegriffs, der nicht auf eine authentische Rekonstruktion des Erlebten zielt. Im Gegenteil: Nicht nur kann eine ursprüngliche Szene niemals wiederholt werden, auch wäre diese Wiederholung selbst niemals eine identische Entsprechung des einstmals Gegebenen, da sich auch die Kontexte durch die Wiederholung unwiederbringlich verschoben haben.[13] Von der Erinnerung an

13 Ganz im Sinne einer Dekonstruktion des Ursprungsmythos und einer Iterabi-

eine bestimmte Person, die ich an einem bestimmten Ort zu einer bestimmten Zeit gesehen habe, muss das Bild von dieser Person unterschieden werden, »wie es aus mehreren aufeinanderfolgenden Erinnerungen an dieselbe Person entstehen kann. Diese Überlegung entspricht der Unterscheidung von Originalszene und (kognitiver) Repräsentation dieser Szene« (QUINDEAU 2004: 93).

Neben Freud wird auch Bergson anhand der Untersuchung des Traumes einer Kritik unterzogen, insbesondere seine Unterscheidung von zwei Formen des Gedächtnisses. Für Bergson gibt es die habituellen oder *Bewegungserinnerungen* einerseits und die *Erinnerungsbilder* andererseits. Letztere stehen für singuläre Ereignisse, wobei jedes einzelne Ereignis mitsamt seinem Ort und Datum registriert wird (ebd.: 91). Bergson geht davon aus, dass sich Träumen und Erinnern im gleichen psychischen Modus vollziehen. Halbwachs stimmt diesem Befund nicht zu: Die Erinnerungsbilder entsprechen für ihn keiner »tatsächlich einst wahrgenommenen Realität« (ebd.: 35), die es zu entziffern gelte. Vielmehr bedürfen diese Bilder einer nachträglichen Rekonstruktion, wobei diese auf gesellschaftlich erzeugte und geteilte Ausdrucksmittel rekurrieren müsse und zudem die Traumbilder in einen sozial geteilten Bezugsrahmen versetze. Am Ende des Kapitels heißt es dementsprechend: »Der Traum beruht nur auf sich selber, während unsere Erinnerungen sich auf die aller anderen und auf die großen Bezugsrahmen des Gesellschaftsgedächtnisses stützen« (HALBWACHS 1985: 72). Hier wird der Traum als ein psychischer Zustand explizit von der sozialen Fundierung des Gedächtnisses abgegrenzt. Dies wird auch konkret begründet. Für Halbwachs ist der Ausgangspunkt der Erinnerung die Gegenwart. Ihm zufolge gehen wir dabei von einem System der allgemeinen, uns stets verfügbaren Ideen aus. Diese können sich beispielsweise in der von der Gesellschaft geformten Sprache manifestieren. Anders gesagt:

lität (Wiederholung in der Differenz), wie sie von Jacques Derrida und Gilles Deleuze bekannt sind (WETZEL 2003: 81f.).

Wir gehen von allen Ausdrucksmitteln aus, die uns die Gesellschaft zur Verfügung stellt, und dann kombinieren wir diese,

> »um entweder ein bestimmtes Detail oder eine Nuance vergangener Gesichter oder Ereignisse und allgemein unserer früheren Bewusstseinszustände wiederzufinden« (HALBWACHS 1985: 55).

Erforscht Halbwachs schon den Traum als Phänomen, um mehr über die Funktionsweise des Gedächtnisses zu erfahren, so ist es daran anschließend die *Aphasie*, also ein pathologischer Sprachverlust, der uns indirekt verdeutlicht, dass die Sprache zu den wichtigsten und »dauerhaftesten Rahmen des kollektiven Gedächtnisses« (ebd.: 124) gehört. Mit dem Sprachverlust komme es, so Halbwachs, zu einer Beeinträchtigung unseres gesamten intellektuellen Vermögens. Dementsprechend wird der Verlust an Wörtern, sei es, dass man sie nicht mehr findet oder nicht mehr willentlich formen kann, sei es, dass man beim Hören ihre Bedeutung und ihren Zusammenhang nicht mehr zu erfassen vermag, als nur eine Erscheinungsform eines weitverzweigten Unvermögens begriffen. Der ganze konventionelle Symbolismus, den man als notwendigen Grund der sozialen Intelligenz verstehen muss, wird einer Person mehr oder weniger fremd (ebd.: 119).[14]

Ausgehend von diesen Beispielen gilt es für Halbwachs nunmehr zu zeigen, »dass die kollektiven Bezugsrahmen des Gedächtnisses nicht hinterher durch Kombination der individuellen Gedächtnisinhalte gebildet werden, dass sie auch nicht einfache leere Formen sind, in denen sich die anderswoher gekommenen Erinnerungen niederließen, dass sie im Gegenteil eben die Instrumente sind, derer sich das kollektive Gedächtnis bedient, um ein Bild der Vergangenheit wiederzuerstellen, das sich für jede Epoche im Einklang mit den herrschenden Gedanken der Gesellschaft befindet« (ebd.: 22f.).

Die vier wichtigsten kollektiven *Bezugsrahmen* oder *sozialen Rahmen* (*cadres sociaux*) sind die Sprache, die Zeit, der Raum und

14 Neuere Forschungen zur Aphasie belegen, dass das Denkvermögen durch die Störungen der Sprache nicht direkt eingeschränkt sein muss (TESAK 2006: 2).

die Erfahrung.[15] Von allen Rahmen ist die Sprache der Elementarste und gleichzeitig auch der Stabilste im Hinblick auf das Gedächtnis von Gruppen. Die Rahmen der Zeit und des Raumes sorgen für ein Fixieren von Ereignissen (Datierung) und eine historische Situierung der Erinnerungen (Archivierung). Weitere Formen und Kategorien entstammen dem Rahmen der Erfahrung(en), der historisch, geografisch und politisch relevante Begriffe ebenso umfasst wie alltägliche Ereignisse und historische Begebenheiten. Als bemerkenswert für die damalige Zeit darf Halbwachs' generell *relationale Vorstellung* hinsichtlich der Veränderbarkeit von Rahmen im Kontext von gesellschaftlichen Strukturen festgehalten werden.[16] Halbwachs schreibt diesbezüglich: »Jedesmal, wenn wir einen unserer Eindrücke in den Rahmen unserer gegenwärtigen Vorstellung einordnen, verändert der Rahmen den Eindruck, aber der Eindruck seinerseits modifiziert auch den Rahmen« (ebd.: 189). Jan Assmann zufolge kann Halbwachs zudem mit seinem Hinweis auf die Bedeutsamkeit von Rahmen in seiner Theorie neben der Erinnerung auch das *Vergessen* erklären:

> »Wenn ein Mensch – und eine Gesellschaft – nur das zu erinnern im Stande ist, was als Vergangenheit innerhalb der Bezugsrahmen einer jeweiligen Gegenwart rekonstruierbar ist, dann wird genau das vergessen, was in einer solchen Gegenwart keine Bezugsrahmen mehr hat« (ASSMANN 2007: 36).

Für Halbwachs ist der Prozess der Erinnerung notwendigerweise an die Gesellschaft respektive an Gruppen gebunden und insofern als ein eminent sozialer Prozess zu begreifen. Auch noch die scheinbar persönlichste Erinnerung, die wir als

15 Das erinnert natürlich an die von Erving Goffman in den 1970er-Jahren entwickelte Theorie der Rahmenanalyse. Den die Alltagserfahrungen organisierenden ›frames‹ bei Goffman entsprechen bei Halbwachs die ›cadres‹, die die Erinnerung sowohl konstituieren als auch stabilisieren (GOFFMAN 1977).

16 Hier können insofern durchaus Anfänge einer relationalen Soziologie konstatiert werden, wie sie beispielsweise von Pierre Bourdieu und Loïc Wacquant dezidiert ausgearbeitet wurde (BOURDIEU/WACQUANT 1996). Ebenso macht sich Marcel Mauss früh für einen methodologischen Relationismus stark (MOEBIUS 2009b).

Einziger bezeugen können, ja selbst unausgesprochene Gedanken und Gefühle stehen zu Begriffen und semantischen Feldern in Beziehung, über die noch viele andere außer uns selbst verfügen. Halbwachs zufolge stehen wir in einem ständigen und notwendigen Austausch mit dem ganzen materiellen und geistigen Leben der Gruppen, denen wir angehörten oder auch weiterhin angehören (HALBWACHS 1985: 71). Man sieht an dieser Stelle deutlich, dass Halbwachs – wiederum im Unterschied zu Bergson – das Gedächtnis als eine *relationale Organisationsform* begreift.

Im zweiten Teil seines Buches (Kapitel 5 bis 7) überprüft Halbwachs seine zuvor entwickelten Thesen im Hinblick auf Gedächtnisleistungen bestimmter sozialer Gruppen.

In ihrem kollektiven Gedächtnis erinnert sich die *Familie*,[17] die als soziale Gruppe par excellence verstanden werden muss, an ihre Mitglieder. Eingang in dieses kollektive Gedächtnis finden die Bedingungen und Umstände ihrer Aufnahme über Geburt und Heirat sowie ihres Verlusts durch Tod (endgültig) und Ortswechsel (vorübergehend oder dauerhaft). Dabei bleibt die Familie in ihren Erinnerungen an eine sozial vorgegebene Struktur gebunden, die die Individualität des Einzelnen überdauert und prägt. Bestimmte sozial geteilte und für wertvoll erachtete Inhalte dieses kollektiven Gedächtnisses werden an spätere Generationen weitergegeben; sie erfahren dabei aber selbstverständlich auch Modifikationen. Verdeutlichen lässt sich die Bedeutsamkeit von Erinnerungen am Beispiel der Vornamen, die »zugleich eine Verwandtschaftsbeziehung und eine Person bezeichnen« (HALBWACHS 1985: 226). So gewinnt unser Bruder durch die Tatsache, dass er einen bestimmten Vornamen trägt, eine andere Bedeutung, und ebenso verleihen wir dem Vornamen ein anderes Gewicht, wenn unser Bruder ihn trägt. Der ›Gedächtnisrahmen‹ der Familie bestehe eher aus Vorstellungen als aus Gesichtern und Bildern. Es sind die

17 Neuere Arbeiten zum Familiengedächtnis knüpfen an Halbwachs'sche Überlegungen (kritisch) an, vgl. dazu Wetzel (2022) und Welzer (2005).

Vorstellungen von Personen sowie die Vorstellungen von Tatsachen, die in diesem Sinne einzigartig und historisch sind. Im Übrigen besitzen sie aber alle Kennzeichen eines Denkens, das einer bestimmten Gruppe oder selbst mehreren gemeinsam ist (ebd.: 241).

Halbwachs thematisiert in einem weiteren Kapitel das kollektive Gedächtnis der *Religionen* beziehungsweise der *Religionsgemeinschaften*. Vorwiegend geschieht dies am Beispiel der christlichen Religion. Religionen zeichnen sich u.a. durch das Erzählen von Gründungslegenden und Mythen aus; Letztere sind gleichsam ein ›Echo‹ der Vergangenheit. Für die Gläubigen besteht die Religion jedoch nicht einfach aus der Erinnerung an die Vergangenheit, denn seit Christus wiederauferstanden ist, wird er als in seiner Kirche anwesend verstanden, und zwar in jedem Augenblick und an allen Orten (ebd.: 296). Vor allem sind es die religiösen Rituale (Kulte), die ein erinnertes Ereignis reproduzieren. Abschließend arbeitet Halbwachs nochmals die Parallelen zwischen religiösem und kollektivem Gedächtnis heraus, wenn er schreibt:

> »So gehorcht das religiöse Gedächtnis, obwohl es sich von der weltlichen Gesellschaft zu isolieren sucht, den gleichen Gesetzen wie jedes kollektive Gedächtnis. Es bewahrt nicht die Vergangenheit auf, sondern es rekonstruiert sie mit Hilfe materieller Spuren, Riten, Texte und Traditionen, die sie hinterlassen hat, aber auch mit Hilfe von neuerlichen psychologischen und sozialen Gegebenheiten, d.h. mit der Gegenwart« (ebd.: 296).

Während die Riten, die Dogmen und die heiligen Texte als die stabilsten Elemente einer Religion fungieren, entwickeln und verändern sich die konkreten Glaubensüberzeugungen gemäß der jeweiligen Epoche (MONTIGNY 2005: 27). Hervieu-Léger und Willaime (2001: 216f.) weisen in ihrer religionssoziologischen Studie in Auseinandersetzung mit Halbwachs darauf hin, dass das religiöse Gedächtnis immer sehr totalisierend, konfliktuös und exkludierend verfährt.

Auch die *sozialen Klassen* und mit ihnen ihre Traditionen verfügen über ein kollektives Gedächtnis. Die Klasse des Adels sei über lange Zeit der »Grundpfeiler des Kollektivgedächtnisses gewesen« (HALBWACHS 1985: 308), aber im Lauf der Zeit wurde der Wert der Titel und der Vorrechte herabgesetzt, und die Kategorien von Adligen gerieten insgesamt unter Veränderungsdruck (ebd.: 317). Am Beispiel des Adels aus dem Ancien Régime thematisiert Halbwachs die Ahnengalerien und die Titel, wobei er von einer »Titelhierarchie« spricht, die »zugleich die abgekürzte Geschichte einer Klasse« (ebd.: 328) sei. Doch nicht nur der Adel, sondern ebenso die bürgerliche Klasse besitzt ein kollektives Gedächtnis; diese bürgerliche Klasse »klassifiziert sich selbst und ihre Mitglieder nach einer recht engen Moralvorstellung, in die viel Heuchelei und Klassenegoismus eingeht, die aber für sie nichtsdestoweniger die Moral schlechthin darstellt« (ebd.: 342/343). An den Figuren des Richters und des Kaufmanns schildert Halbwachs die Veränderungen der Berufsrollen zwischen einer Zone der »technischen Aktivität« und der Zone persönlicher Beziehungen (ebd.: 350).

Im Schlusskapitel resümiert Halbwachs seine Überlegungen zum kollektiven Gedächtnis in theoretischer und empirischer Hinsicht. Demzufolge können wir uns nur dadurch erinnern, insofern die für uns interessanten vergangenen Ereignisse in dem jeweiligen Bezugsrahmen des Kollektivgedächtnisses einen Platz gefunden haben. »Eine Erinnerung ist um so reicher, je größer die Anzahl jener Rahmen ist, in deren Schnittpunkt sie auftaucht, und die sich in der Tat kreuzen und teilweise gegenseitig decken« (ebd.: 368). Der sich Erinnernde ist elementar auf die Hilfe dieser Bezugsrahmen angewiesen, um den Akt des Erinnerns vollziehen zu können. Halbwachs geht dabei optimistisch davon aus, dass die verschiedenen Gruppen, denen der Einzelne angehört, jederzeit in der Lage seien, ihre Vergangenheit zu rekonstruieren (ebd.: 381). Mit dieser Rekonstruktion verformen sich aber auch wiederum die Erinnerungen. Ein *relationales* und *wechselseitiges Verhältnis* zwischen Erinnerung und gesellschaftlichen Strukturen zeichnet dann auch diese Gedächtnistheorie aus. Halbwachs beschließt seine Überlegungen im Hinblick auf die gesellschaftspolitische Dimension mit einer etwas vorsichtigeren Einschätzung. Er stellt fest, dass »das gesellschaftliche Denken wesentlich ein Gedächtnis ist, und daß dessen ganzer Inhalt nur aus kollektiven Erinnerungen besteht, daß aber nur diejenigen von ihnen und nur das an ihnen bleibt, was die Gesellschaft in jeder Epoche mit ihren gegenwärtigen Bezugsrahmen rekonstruieren kann« (ebd.: 390). Dementsprechend können auch bestimmte Bezugsrahmen verloren gehen oder zumindest grundlegend verändert werden, was ein Indiz für einen eher unsteten Wandel der Gesellschaft darstellt. Der französische Soziologe antizipiert hier ein wichtiges Argument späterer (Theorie-)Diskussionen.

> »Indem Halbwachs bereits den diskontinuierlichen Wandel und die interne Prozesshaftigkeit solcher Strukturen berücksichtigt, nimmt er einen zentralen Kritikpunkt vorweg, den der Poststrukturalismus dann wiederum gegen den Strukturalismus vorbringen wird« (QUADFLIEG 2007: 409).

Stätten der Verkündigung im Heiligen Land. Eine Studie zum kollektiven Gedächtnis (1941)

Der im Original unter dem Titel *La Topographie légendaire des Evangiles en Terre Sainte* (1941) erschienene, überaus materialreiche Band *Stätten der Verkündigung im Heiligen Land* (2008) liegt mittlerweile in deutscher Übersetzung vor. Diese von Halbwachs selbst noch während des Zweiten Weltkriegs als letzter umfangreicher Text publizierte Arbeit will er – wie der Untertitel verrät – dezidiert als anwendungsorientierte ›Studie zum kollektiven Gedächtnis‹ verstanden wissen. Wie Hervieu-Léger und Willaime (2001: 228) überzeugend nachweisen, verwendet Halbwachs in diesem Buch religiöse Daten als Beispielmaterial, an dem sich die Funktionsweise des kollektiven Gedächtnisses besonders gut untersuchen und veranschaulichen lässt. Aus einer solchen Sicht treibt die Religion die Logik des kollektiven Gedächtnisses an ihre Grenzen. Umgekehrt lassen sich an religiösen Phänomenen die allgemeinen Gesetzmäßigkeiten des Gedächtnisses wie unter einem Brennglas beobachten. Zudem weisen sie in ihrer Studie zum Verhältnis zwischen Soziologie und Religion darauf hin, dass Durkheim die Religion immer als Erzeugerin des sozialen Bandes verstanden habe, wohingegen Halbwachs bezüglich der Religion deren hegemonialen, konfliktuösen und gewaltsamen Charakter betone. Es geht ihm um die Wirkmächtigkeit und Verbreitung kollektiver Glaubensvorstellungen; diesen möchte er »durch den Wandel der Zeiten folgen, sofern uns das die vorhandenen Baudenkmäler, an erster Stelle allerdings die vielen Reisebeschreibungen von Pilgern erlauben« (HALBWACHS 2003: 14). Die mit dieser materialreichen Studie verbundene Hoffnung besteht darin, den Strukturen und Gesetzen auf die Spur zu kommen, die das kollektive Gedächtnis als solches ausmachen. Von Beginn an verdeutlicht Halbwachs in diesem Werk, dass er durchgehend auf wichtiges historisches Quellenmaterial angewiesen war, um diese empirische Studie zum kollektiven Gedächtnis überhaupt verfassen zu können. Dienlich sind ihm dabei vor allem zwei Quellen:[18] Die Arbeit des damaligen Professors an der Universität Greifswald und Leiters des Deutschen Archäologischen Instituts in Jerusalem Gustaf Dalman *Orte und Wege Jesu* (1924) sowie der Band der in Jerusalem tätigen Dominikaner Hugues Vincent und Felix-Marie Abel *Jérusalem: Recherches de topographie, d'archéologie et de l'histoire* (1912-1926).

In der Einleitung legt Halbwachs zunächst dar, worum es ihm nicht geht: »Uns geht es nicht darum, ob jene Überlieferungen im Hinblick auf die heiligen Stätten wirklichkeitsgetreu sind, ob sie mit früheren Begebenheiten übereinstimmen. Wir nehmen sie als solche, als *geformte Erinnerungen*, [...]« (HALBWACHS 2003: 20, Hervorh. von DJW). Keinesfalls strebt er eine möglichst ›authentische‹ Rekonstruktion einer Wirklichkeit

18 Dass Halbwachs sich hier hauptsächlich nur auf zwei Quellen stützt, ist durchaus aus Sicht der einschlägigen Forschung problematisch (Persönlicher Hinweis des Theologen Klaus Bieberstein).

der Vergangenheit an, was bedeuten würde, darüber zu spekulieren, wie es ursprünglich gewesen sein könnte (ebd.: 21). Wie bereits angedeutet, geht Halbwachs explizit von der Annahme aus, dass wir nicht mehr über echte, authentische Überlieferungen verfügen, etwa über Überlieferungen, die selbst eindeutig auf die damaligen Begebenheiten zurückgehen (ebd.: 177).

Was aber mag Halbwachs stattdessen mit seiner soziologischen Studie zum kollektiven Gedächtnis im Sinn haben? Der von ihm erforschte Wandel christlicher Überlieferungen beschreibt den Zugriff religiöser Gruppen auf die materiellen und räumlichen Bedingungen ihres Gedenkens. Dementsprechend sollen mentale Veränderungen über ihre Materialisierungen in Raum und Zeit untersucht werden, denn die Heiligen Stätten erinnern gerade nicht an von zeitgenössischen Zeugen beglaubigte Tatsachen, sondern vielmehr an die dahinter liegenden Überzeugungen. Dabei versucht Halbwachs zu veranschaulichen, auf welche Weise sich das religiöse Gedächtnis selbst eine Ordnung, also einen Rahmen des Erinnerns gibt, der sich in geografischer Kontinuität versinnbildlicht. In seinen früher verfassten Studien begreift Halbwachs das kollektive Gedächtnis nicht als simplen Behälter oder Speicher, »sondern [als] ein von Gruppen und der Gegenwart abhängiges, von kollektiven Vorstellungen, Sehnsüchten und Wünschen geprägtes Konstrukt, das sich – je nach historischem Kontext – wandelt. *Ohne das Gruppengedächtnis wären die Pilgerstätten nichts als Steine geblieben*« (LAUBE 2003, Hervorh. von DJW).

In dem umfangreichen Kapitel ›Der Pilger von Bordeaux‹ – das sich auf den aus dem 9. Jahrhundert stammenden und in einer Handschrift überlieferten Pilgerbericht bezieht – skizziert Halbwachs eine Topografie der Heiligen Stätten, wie sie sich den Christen in Jerusalem und Palästina zu dieser Zeit dargeboten hat (HALBWACHS 2003: 69). Er weist darauf hin, dass die jüdische Erinnerung noch eng mit der christlichen Erinnerung verflochten gewesen sei. Die Christen hätten diese auch deshalb wachgerufen, um sich auf sie zu stützen. Das damals in der Anfangszeit seiner Ausbreitung und Eroberungen stehende Christentum habe bemerkenswerterweise nur im jüdischen Gedächtnis Wurzeln schlagen können. Der Bericht des Pilgers von Bordeaux wird in einem entscheidenden Augenblick niedergeschrieben: Konstantin hat sich gerade zum Christentum bekehrt und auf dem Konzil von Nicäa (325) wird die Einheit des kirchlichen Dogmas verfügt. So entsteht »jener Wechsel der Politik, der unter Konstantin die Rollen umkehrt und aus der freiesten und freiwilligsten religiösen Bewegung einen offiziellen Kultus macht, welcher, dem Staat unterworfen, nun seinerseits zum Verfolger wird« (ebd.: 70). Die Quelle des *Pilgers von Bordeaux* erweist sich vor allem deshalb als wertvoll und singulär, weil sie von dem Zustand des Landes Zeugnis ablegt, ehe es durch die christlichen Erinnerungen des Kaisers Konstantin (und dessen Mutter Helena) überformt und notgedrungen auch verfremdet wird.

In den nachfolgenden Kapiteln liefert Halbwachs eine teilweise verschlungene und quellenkritische christliche Ortskunde, die sich vom frühen Mittelalter bis zum Beginn der Neuzeit erstreckt. So erinnert sich Halbwachs im zweiten Kapitel an das von ihm im Zusammenhang mit seinem Aufenthalt bereiste Bethlehem (ebd.: 71-88), das man nicht zur Geburtsstätte des Weltheilandes erkoren hätte, wäre es nicht die Heimat Davids gewesen. Für lange Zeit hatte man in Bethlehem das Grab Davids gezeigt. Jesus ließ man auch deshalb in Bethlehem zur Welt kommen, »um die Geburt des Messias dorthin zu legen, wo sein Ahne selbst geboren wurde« (ebd.: 81). Insofern kommt hier bereits ein konstruktiver wie selektiver Blick auf das Geschehen zum Tragen, was sich im kollektiven Gedächtnis als ausgewählte und damit immer auch *geformte Erinnerungen* niederschlägt.

Im dritten Kapitel, ›Abendmahlsaal und Davidsgrab‹ (ebd.: 88-101) geht Halbwachs nochmals auf den Bericht des Pilgers von Bordeaux ein, der interessanterweise nicht über den Abendmahlsaal spricht (ebd.: 97). Das Bezeugen des Davidgrabes an der Stätte des Abendmahls habe einer von Halbwachs angeführten Schrift zufolge »bei den Christen in Orient und Okzident vor Mitte des 13. Jahrhunderts kaum Befürworter«

gefunden. »Auch die meisten Muslime teilten bis ins 15. Jahrhundert diese Auffassung nicht« (ebd.: 94). Das vierte Kapitel, ›Der Richtsaal des Pilatus‹, beschäftigt sich mit dem Sitz des römischen Prokurators Pilatus. Im Johannesevangelium berichtet der Schreiber, dass Jesus Christus vor seiner Verurteilung zu Pontius Pilatus, dem Präfekten von Judäa gebracht wird, der sich in seinem Prätorium aufhält. Als er den Juden, die sich vor seinem Prätorium versammelt hatten, vorschlägt, Jesus freizugeben – es ist Sitte, dass der Statthalter am Pessachfest einen Gefangen freigibt –, fordern diese lautstark die Freigabe von Barrabas und die Kreuzigung Jesu.

›Die Via Dolorosa‹ (ebd.: 109-120), das fünfte Kapitel des Werkes, bezeichnet den Weg, den Jesus vom Haus des Pilatus zum Kalvarienberg geht (ebd.: 109). Nach der Überlieferung ist die Via Dolorosa jene Straße, die zur Zeit des Todes von Jesus vom Amtssitz des römischen Statthalters Pontius Pilatus zur Hinrichtungsstätte am Hügel Golgota führt. Interessanterweise habe Jesu Kreuzigungsweg zumindest zunächst keine gesonderte Beachtung gefunden. »Erst als in Europa die Jünger des heiligen Franziskus aus der Nachempfindung der Leiden Jesu eine geistliche Übung gemacht hatten, bemühte man sich, diesen Weg in Jerusalem aufzufinden und genau festzulegen« (ebd.: 112). Hier sieht man erneut, wie ein bestimmtes Interesse einer Gruppe die Erinnerung lenkt.

Das sechste Kapitel, ›Der Ölberg‹ (ebd.: 121-133), ist dem Berg gewidmet, auf dem Jesus für gewöhnlich seine Jünger unterwies. Dieser oftmals auch als ›Olivenberg‹ bezeichnete Ölberg erwuchs für viele zum biblischen Berg schlechthin (ebd.: 122). Von diesem Ort, der sowohl in der jüdischen, der christlichen, aber auch in der muslimischen Religion eine privilegierte Rolle spielt, sei Jesus in den Himmel aufgefahren. Denn nach der Eroberung Jerusalems durch Saladin nahmen die Araber den Ölberg wieder in Besitz. »Im Jahr 1200 stellt ein Muselmane den am Ort der Himmelfahrt errichteten Bau der Kreuzfahrer als Moschee wieder her. Das Wunder der Himmelfahrt Jesu kam seither im Islam zu Ehren« (ebd.: 126).

Im siebten Kapitel, ›Nazareth‹ (ebd.: 134-142), erläutert Halbwachs die besondere Bedeutung dieses Ortes für die Christen, der als Ort der Verkündigung des Herrn gilt. Nazareth, das Gustaf Dalman zufolge bis zum 4. Jahrhundert nach Christus eine rein jüdische Ortschaft gewesen sein soll, wird als Heimatort und Vaterstadt des Jesus von Nazareth aufgefasst. Nach Darstellung der Evangelien lebten hier Jesus Eltern Maria (Maryam bzw. Mirjam) und Josef der Zimmermann (Yussuf). In Nazareth erschien der Erzengel Gabriel Maria und kündigte ihr die Geburt des künftigen Erlösers an.

›Der See Genezareth‹ (ebd.: 142-154), zugleich das achte Kapitel, spielt für die Erinnerung des Christentums eine zentrale Rolle. Viele Geschichten der Evangelien sind an und um diesen See herum lokalisiert; so berichtet Renan, dass Jesus immer wieder gerne an dessen Ufer zurückgekehrt sei (ebd.: 142). Halbwachs mahnt im Verlauf seiner Beschreibung zur Vorsicht, denn es gelte zu bedenken, »daß weder in Jerusalem noch in ganz Palästina irgendeine echte, gesicherte Spur vorhanden ist, welche die Anwesenheit Jesu bezeugte, kein Bauwerk, kein erhaltenes Haus, von dem man sagen könnte, daß er es betreten, auf das er seine Blicke gerichtet hätte, keine Mauer, an die er sich gelehnt hat, kein Stein, über den er gegangen ist« (ebd.: 149). Quellenkritisch und mit einer gehörigen Portion Skepsis ausgerüstet, beschließt Halbwachs seine Ausführungen mit einem Zitat von Renan, der den merkwürdigen Befund konstatiert, man könne glauben, »daß in der Topografie, wie in der Geschichte, eine tiefe Absicht die Spuren des großen Gründers verbergen wollte. Es ist zu bezweifeln, daß man jemals dazu gelangt, auf diesem von Grund aus verwüsteten Boden die Stellen fest zu bestimmen, auf denen die Menschheit seine Fußstapfen küssen möchte« (ebd.: 153). Halbwachs macht auf einen seltsamen Widerspruch aufmerksam, der darin besteht, dass gerade da, wo Jesus die Hauptzeit seines Lebens verbracht habe, sich »seine Spuren so vollständig verflüchtigen« (ebd.).

Im Schlusskapitel resümiert Halbwachs seine Arbeit mit ausführlichen, zusammenfassenden Überlegungen, die das zuvor Erarbeitete – aber auch die eher theoretischen Überlegungen zum kollektiven Gedächtnis – in eine gestraffte und übersichtliche Darstellung bringen. Dies danken ihm die Leser:innen insofern, als sich die Darstellung der erwähnten Stationen im Gestrüpp der Details durch das häufige Zitieren verschiedener Quellen mitunter zu verlieren droht. Insgesamt ergeben sich allerdings in dieser abschließenden Zusammenschau fruchtbare Einsichten, von denen einige gebündelt zusammengefasst werden sollen:

1. Damit ein Ort zur Kultstätte werden kann, reicht es nicht aus, dass sich (nur) persönliche Erinnerungen mit ihm verknüpfen. Vielmehr verwandelt er sich in eine heilige Stätte erst von dem Moment an, in dem um diesen Ort ein von mehreren Individuen getragener *Kult* entsteht, bei dem auch magische Momente nicht fehlen dürfen: »Man begibt sich zum Kalvarienberg, zum Heiligen Grab als zu übernatürlichen Stätten, die auf ewig mit einer Kraft ausgestattet sind, welche den Glauben stärkt, die Lehre belebt, ihnen eine Gestalt und ein Bild verleiht« (ebd.: 162). Diese religiös aufgeladenen Orte verwandeln sich beispielsweise in Versammlungsorte einer Gruppe von Gläubigen. In diesen Kultstätten verkörpert sich die »den menschlichen Bewusstseinsformen innewohnende Trägheitskraft« (ebd.: 165). Nicht vergessen werden darf, dass sich die Orte vergleichsweise viel langsamer als die Gruppen verändern (MARCEL 2001: 181).
2. Überzeugend thematisiert Halbwachs außerdem folgende von Gruppen wiederholt eingesetzte Mittel, um ihre Erinnerungen an Orte, aber auch an bestimmte Zeiten, Ereignisse und an bestimmte Menschen festzuhalten und zu ordnen: »Konzentration an einem Ort, Differenzierung im Raum, Dualität aneinander entgegengesetzten Stellen« (ebd.: 193). Die räumliche Logik wird bei der Erinnerung zudem durch eine zeitliche Logik ergänzt. Diese Logik muss eine Wiederholung beziehungsweise eine Aufzählung bestimmter Ereignisse möglich ma-

chen. Strukturalistisch formuliert: *Ereignisse* müssen mit anderen eine Kette bilden, damit sie eine Gesamtgeschichte erzählen können (KWASCHIK 2004).

3. Bemerkenswert ist auch, welche Dinge und Orte sich aus welchen Gründen überhaupt als Erinnerung im Gedächtnis festsetzen – und welche demgegenüber vergessen werden. So hat man beispielsweise aus der Geschichte Jesu vor allem seinen Tod und seine Auferstehung in Erinnerung behalten, auch weil man Jerusalem ins Zentrum der christlichen Aufmerksamkeit stellen wollte: Es scheint, so Halbwachs, »daß sich sein ganzes Leben, die ganze Bedeutung seines Lebens in der heiligen Woche zusammendrängt« (ebd.: 198). Aber auch dieser Rahmen bleibt letztlich eine sozial bedingte und damit willkürliche Konstruktion, denn es hätte ebenso anders kommen können. Wobei es natürlich aus der Sicht der Gläubigen nicht weiter verwunderlich ist, dass gerade Sterben und Tod sowie das für das Christentum zentrale Auferstehungs- und Erlösungsmotiv eine solch bedeutende Rolle spielen.
4. Für Halbwachs scheint es evident, dass »das engere und unmittelbare Ortsgedächtnis auf einem umfassenden Gedächtnis beruht, welches selbst die Stätten der evangelischen Begebenheiten nur vermittelt, durch Schriften, Berichte und Legenden kennt, durch Zeugnisse, die fernab der eigentlichen Stätten selbst entstanden sind, das aber reicher und besser geordnet war, sich vor allem auf sehr viel größere Gruppen erstreckte« (ebd.: 209). Hier identifiziert Halbwachs eines der grundlegenden Gesetze des kollektiven Gedächtnisses. Der konstruktive Charakter des kollektiven Gedächtnisses verbindet sich zudem mit einem *voluntativen Moment* im kollektiven christlichen Gedächtnis, was sich darin zeigt, dass das kollektive Gedächtnis der Christen seine Erinnerungen an die Einzelheiten des Lebens Jesu und die von ihm besuchten Orte, immer wieder den zeitgenössischen An-

forderungen des Christentums anpasst: sowohl seinen Bedürfnissen als auch seinen Sehnsüchten.

5. Des Weiteren scheint es für die Ereignisse, die sich im kollektiven Gedächtnis festsetzen wollen, wichtig, dass ihnen eine *symbolische Kraft* eignet: So »überträgt bisweilen das Gedächtnis von Gruppen oder auch einzelner Menschen in die Wirklichkeit, was eigentlich nur Einbildung oder Träumerei gewesen war, und es sucht und findet dann eine geeignete Stelle dafür im materiellen Raum« (ebd.: 180).
6. Halbwachs beschließt seine Überlegungen mit der Verbindung eines anthropologischen Bedürfnisses der Menschen nach Göttern und dessen Materialisierung in Bauten und Steinen. Wenn es tatsächlich über alle Zeiten hinweg die Berufung der Menschheit gewesen sein sollte, neue Götter zu schaffen oder alte wiedererstehen zu lassen, so dass diese Menschheit quasi über sich selbst hinauswachsen konnte, »dann bleibt dies zweifellos auch das Wesen jener religiösen Erscheinung, deren Spuren all die von so vielen Menschen und während so vieler Menschenalter aufeinander getürmten und sorgsam gehüteten Steine immer wieder erkennen lassen« (ebd.: 211).

In seiner Studie *Ortsbegehungen* (2002) identifiziert der Literaturwissenschaftler Steffen Vogt zwei unterschiedliche Konzepte topografischen Erinnerns. Demzufolge muss differenziert werden zwischen »(a) einem menschlichen Gedächtnis, das sich der Orte nur als eine Art Gedächtnisstütze bedient [...] und »einer den Orten selbst zugeschriebenen potenziellen Gedächtniskraft« (ebd.: 61). Zudem weist er darauf hin, dass dem Erinnerungsort im Rahmen einer kulturellen Gedächtnistätigkeit eine doppelte Funktion eignet: »Er fungiert als Zeuge und als Zeichen. Als geschichtlicher Zeuge referiert der Ort tatsächlich jedoch nicht auf die historische Authentizität des legendenhaften Stiftungsgeschehens – er bezeugt nichts anderes als die Gültigkeit der Repräsentationen, die ihm die Gruppe im Rahmen ihres Identitätsmodell zuweist« (ebd.: 74f.).

Halbwachs grundlegende empirische Studie zum kollektiven Gedächtnis, die zugleich eine imposante Form der Quellenkritik liefert, und der man aufgrund der konkreten Ausgestaltung an der Schnittstelle zwischen Religionssoziologie und kollektiver Psychologie eine breite Leserschaft wünscht, ruft den sozialen Raum (und die Logik der Zeit) nicht nur ins Gedächtnis zurück, sondern stößt damit gleichzeitig die Tür für eine mittlerweile etablierte Soziologie des Raumes weit auf (SCHROER 2006).[19]

Das kollektive Gedächtnis

Dieses dritte, zentrale Werk zum Gedächtnis wird von Halbwachs in einem längeren Zeitraum verfasst, genauer zwischen 1925 und 1944, und erscheint erstmals im Jahr 1950 posthum. 1997 legt der französische Soziologe Gérard Namer eine kritische Neuausgabe vor, die auch das in der deutschen Fassung weggelassene Kapitel ›Das kollektive Gedächtnis bei Musikern‹ enthält.[20] Es wird sich im Lauf der Darstellung der wichtigsten Gedanken und Thesen zeigen, dass es sich bei diesem Werk nicht einfach um eine Fortsetzung oder Ergänzung zu *Das Gedächtnis und seine sozialen Bedingungen* (1925a) handelt. Vielmehr revidiert und relativiert Halbwachs hier einige seiner zuvor vertretenen Argumente (ERLL 2005: 14f.). Das unvollendet gebliebene Werk umfasst in der kritischen französischen Ausgabe fünf Kapitel. Es beginnt mit Ausführungen zum kollektiven Gedächtnis bei Musikern. Ausgehend von der Vielfalt musikalischer Gedächtnisse und Erinnerungen thematisiert Halbwachs hier zum einen, dass »das kollektive Gedächtnis die soziale Funktion besitzt, die Einheit der Gruppe zu ge-

19 Vgl. dazu das alternative Konzept von Foucault (2005) zu den Heterotopien.

20 Die französische Originalfassung erscheint im Jahr 1939 unter dem Titel *La mémoire collective chez les musiciens* in der *Revue philosophique*. Mittlerweile ist die deutsche Fassung *Das kollektive Gedächtnis in der Gruppe der Musiker* in dem Band von Jost und Sebald (2020: 27-57) veröffentlicht worden.

währleisten, und die Einheit des musikalischen Gedächtnisses konkret durch die ›Symbole‹ (musikalische Zeichen, Noten, Partituren) gestiftet wird« (KRÄMER 2000: 193). Für Halbwachs ist es die Sprache, welche die Musik erst geschaffen hat. Ohne eine gemeinsame und miteinander geteilte Sprache gäbe es keine Gruppe der Musiker (HALBWACHS 1997 [1950]: 40). Zum anderen verdeutlicht Halbwachs, dass es anerkannte kulturelle Standards sowie Werte sind, die ein kulturelles Gedächtnis bilden. Hierin sind die Erinnerungen der Musiker aufbewahrt. Selbst der taub gewordene Beethoven, so Halbwachs, war niemals allein, weil er in seinen musikalischen Erinnerungen lebte; genauer gelang ihm dies unter Zuhilfenahme von Symbolen, die ihm in ihrer Reinheit die Töne bewahrten (ebd.: 43).

Im folgenden Kapitel unternimmt Halbwachs eine Gegenüberstellung von kollektivem und individuellem Gedächtnis, die sich seinem Verständnis zufolge wechselseitig durchdringen. Individuell ist das Gedächtnis insofern, als es »im Sinne einer je einzigartigen Verbindung von Kollektivgedächtnissen als Ort der verschiedenen gruppenbezogenen Kollektivgedächtnisse und ihrer je spezifischen Verbindung« fungiert (ASSMANN 2007: 37). Während sich im individuellen Gedächtnis gleichsam *verschiedene* kollektive Gedächtnisse aufgrund der unterschiedlichen Gruppenzugehörigkeit von Individuen zwangsläufig ›überlagern‹, wird das kollektive Gedächtnis von diesen Individuen je nach Milieu und den darin existierenden Austauschbeziehungen angeeignet. Deshalb kann das kollektive Gedächtnis letztlich auch nicht vollständig den Rekonstruktionsprozess bezüglich der Vergangenheit eines bestimmten Individuums determinieren. Und dennoch ist das Vorgehen des individuellen Gedächtnisses, wie Halbwachs im darauffolgenden Kapitel schreibt, »nicht möglich ohne jene Instrumente, die durch die Worte und Vorstellungen gebildet werden, die das Individuum nicht erfunden und die es seinem Milieu entliehen hat« (HALBWACHS 1967: 35).

Mit dieser Hereinnahme eines individuellen Erklärungsmomentes reagiert Halbwachs auf die Kritik seines Straßburger Kollegen und Psychologen Charles Blondel, der als Sozialpsychologe seinerseits auf die Fortdauer sinnlicher Eindrücke im Individuum Wert legt. Diese sinnlichen Eindrücke ermöglichen dann ihrerseits Erinnerungen (GUGLER 1961: 55). Gleichzeitig schwächt sich der von Durkheim hinreichend bekannte soziologische Determinismus bei Halbwachs ab (MONTIGNY 2005: 44). Zu betonen sind in diesem Zusammenhang die Brüche, zu denen es immer wieder zwischen individueller Aneignung und kollektivem Gedächtnis kommt. Jede Abfolge von Erinnerungen weiß sich mit Brüchen, Verschiebungen und Transformationen gekoppelt, was nichts anderes bedeutet, als dass die erfahrene Lebensgeschichte des Einzelnen zwar in die Geschichte im Allgemeinen verflochten ist. Das bedeutet aber eben auch, dass sich das individuelle Gedächtnis gerade nicht mit dem Kollektiven deckt, denn Letzteres ist viel umfassender (KRÄMER 2000: 194).

Wie stellt sich Halbwachs nun konkret das Zusammenspiel zwischen den beiden Gedächtniskomponenten vor? Er beschreibt dies in einer längeren Passage:

> »Wenn überdies das kollektive Gedächtnis seine Kraft und seine Beständigkeit daraus herleitet, daß es auf einer Gesamtheit von Menschen beruht, so sind es indessen die Individuen, die sich als Mitglieder der Gruppe erinnern. In dieser Masse gemeinsamer sich aufeinander stützender Erinnerungen sind es nicht dieselben, die jedem von ihnen am deutlichsten erscheinen. Wir würden sagen, jedes individuelle Gedächtnis ist ein ›Ausblickspunkt‹ auf das Gedächtnis; dieser Ausblickspunkt wechselt je nach der Stelle, die wir darin einnehmen, und diese Stelle selbst wechselt den Beziehungen zufolge, die ich mit anderen Milieus unterhalte« (HALBWACHS 1967: 31).

An dieser Stelle zeigt sich eine deutliche Verschiebung zu dem 1925 publizierten Werk *Das Gedächtnis und seine sozialen Bedingungen*, und zwar insofern, als sich erstens das Individuum erinnert und eben nicht (nur) die Gruppe als abstrakte Einheit. Zweitens fungiert das kollektive Gedächtnis dieser Gruppen als eine Art gemeinsame Sammelstelle, aus der die Individuen je nach ›Ausblickspunkt‹ (*point de vue*) auf das Gedächtnis schauen. Die unmittelbare Gegebenheit im Bewusstsein ist deshalb weder ein rein individuelles Gedächtnis (Bergson) noch ein kollektives Gedächtnis, was sich quasi von außen auf das Individuum legt. Vielmehr geht es um die Interaktion zwischen beiden. Soll heißen: Noch die persönlichsten Erinnerungen erklären sich immer aus den Veränderungen, die in unseren Beziehungen zu den verschiedenen Milieus entstehen, das heißt letztlich aus den Veränderungen jedes einzelnen dieser Milieus und ihrer Gesamtheit. Anders gesagt: Schien vor dieser Publikation zum *kollektiven Gedächtnis* bei Halbwachs das kollektive Gedächtnis als solches quasi (voraus-)gesetzt und das Individuum nur sozial erklärbar, so erfährt das Konzept des kollektiven Gedächtnisses eine Differenzierung und relationale Lesart.

Im darauf folgenden Kapitel thematisiert Halbwachs den Unterschied zwischen *kollektivem* und *historischem Gedächtnis*. In zweierlei Weise unterscheidet sich für den französischen Soziologen die Geschichte vom kollektiven Gedächtnis (OGINO 2015: 201):[21]

1. Halbwachs bestimmt das kollektive Gedächtnis als »eine kontinuierliche Denkströmung, [...] die nichts Künstliches hat, da sie von der Vergangenheit nur das behält, was von ihr noch lebendig und fähig ist, im Bewußtsein der Gruppe, die es unterhält, fortzuleben« (HALBWACHS 1967: 68). Weiter existieren im Kollektivgedächtnis im Unterschied zur Geschichte keine klaren Trennlinien, sondern lediglich »unregelmäßige und unbestimmte Grenzen« (ebd.: 70), wohingegen die Geschichte die Vergangenheit in Perioden, respektive in Epochen einteilt, die – so scheint es – immer wieder zur Erneuerung ansetzen (MARCEL 2011: 183).

21 Dass Halbwachs dabei Geschichte in positivistischer Manier für etwas Objektives hält, thematisiert Burke in seinem programmatischen Text *Geschichte als soziales Gedächtnis* (1993).

2. Der zweite Unterschied zur Geschichte besteht für Halbwachs darin, dass es mehrere kollektive Gedächtnisse gibt. Demgegenüber sei die Geschichte ungeteilt, und man könne davon sprechen, dass es eben nur genau eine Geschichte gebe (ebd.: 71f.). Die Geschichte erscheine zwar als das universale Gedächtnis der Menschheit, jedoch gebe es streng genommen kein solches universales Gedächtnis, denn: Jedes kollektive Gedächtnis habe eine sowohl zeitlich als auch räumlich begrenzte Gruppe als Träger. Dieses kollektive Gedächtnis betrachtet die Gruppe gleichsam von innen und dazu in einem überschaubaren Zeitabschnitt, der gewöhnlich die Dauer eines Menschenlebens nicht überschreitet (ebd.: 76). Insofern werden die kollektiven Gedächtnisse als »Sitz der Traditionen« identifiziert, die Geschichte hingegen als »Bild der Ereignisse«. Man könne die Gesamtheit der vergangenen Ereignisse nur zu einem einzigen Bild unter der Bedingung zusammenstellen, »daß man sie vom Gedächtnis jener Gruppen löst, die in Erinnerung behielten, daß man die Bande durchtrennt, durch die sie mit dem psychologischen Leben jener sozialen Milieus verbunden waren, innerhalb derer sie sich ereignet haben, und daß man nur ihr chronologisches und räumliches Schema zurückbehält« (ebd.: 73). Im darauffolgenden, dichten und umfangreichen Kapitel entwirft Halbwachs – mit Blick auf das kollektive Gedächtnis – eine *Theorie der sozialen Zeit*. Er betont dabei die Mannigfaltigkeit der sozialen Zeiten, indem er auf das Zeitregime der modernen Industrie ebenso rekurriert wie auf »die Inanspruchnahme städtischer Plätze durch verschiedene Gruppen« (KRÄMER 2000: 195). Bedingt durch diese verschiedenen Gruppenzugehörigkeiten sehen sich die Individuen mit verschiedenen kollektiven Gedächtnissen konfrontiert, die sie sich je nach Betrachtungsweise aneignen. So zeigen die verschiedenen, nach Religion und Gesellschaft variierenden Kalender, dass

es eben nicht eine einzige universelle Zeit gibt, sondern verschiedene soziale Zeiten:

»Aber in Wirklichkeit gibt es keinen einheitlichen Kalender, der außerhalb der Gruppen besteht und auf den sie Bezug nehmen würden. Es gibt eben so viele Kalender wie verschiedene Gesellschaften, da die Zeiteinteilungen bald mit religiösen Begriffen (jeder Tag ist einem Heiligen gewidmet), bald mit geschäftlichen Ausdrücken (Verfallstag usw.) bezeichnet werden« (HALBWACHS 1967: 107).

Mit dieser Feststellung wendet sich Halbwachs erneut gegen die Bergson'sche Sichtweise. Dessen Konzept einer universalen Zeit erschöpfe sich lediglich in einer diskontinuierlichen Folge von Augenblicken und Abfolgen (ebd.: 84). Anhand der Veränderungen des Familiengedächtnisses, genauer mit Bezug auf das Gedächtnis anderer Gruppen oder Paare, gelangt Halbwachs zu seiner eigentlichen These des Zeitverständnisses. Seiner Auffassung zufolge existiert eine universale und einheitliche Zeit nicht. Vielmehr zerfalle die Gesellschaft in eine Vielheit von Gruppen, von denen jede ihre eigene Zeitdauer habe. Diese Arten der kollektiven Zeitdauer würden sich nicht darin unterscheiden, dass die einen schneller als die anderen dahinflössen. Genau genommen könne man gar nicht sagen, dass es ein einfaches Dahinfließen dieser Zeiten gebe. Zwar würden die Ereignisse zeitlich aufeinander folgen, aber die Zeit selbst sei ein unbeweglicher Rahmen. Allerdings seien die Zeiten mehr oder minder ausgedehnt und diese würden dem Gedächtnis erlauben, mehr oder weniger weit in das zurückzugehen, was man per Konvention als Vergangenheit bezeichnet hat (HALBWACHS 1967: 122/123). Am Ende dieses Kapitels gelangt Halbwachs zu der Einschätzung, die Zeit der Philosophen – hier sind vor allem William James und Henri Bergson gemeint – sei »nichts als eine leere Form« (ebd.: 126.). Für Halbwachs dagegen ist das, was wir Zeit nennen, nur in dem Maße wirklich, als sie einen Inhalt hat, beziehungsweise als sie dem Denken eine aus Ereignissen bestehende Materie darbietet. Diese Zeit ist begrenzt und relativ, jedoch voller Wirklichkeit. Im Übrigen sei sie aber weit genug, »um jedem Individuum einen hinreichend dichten Rahmen zu bieten, in dem es seine Erinnerungen anordnen und wiederfinden kann« (ebd.: 126). Diese Konzeption einer sozialen Zeit bestimmt die individuellen Vorstellungen von Dauer, wobei die subjektive Zeit als vollkommen vergesellschaftet gedacht wird. Von dieser Zeit, die aufgrund der Existenz vieler Gruppen und deren Zeitwahrnehmung immer als variabel gedacht werden muss, unterscheidet Halbwachs den Raum als stabile Größe (KRÄMER 2000: 195).

Im letzten Kapitel beschäftigt sich Halbwachs mit dem kollektiven Gedächtnis und dessen *Beziehung zum Raum* (JAISSON 1999). Für Halbwachs gibt es »kein kollektives Gedächtnis, das sich nicht innerhalb eines räumlichen Rahmens bewegt« (HALBWACHS 1967: 142). Eine in einem bestimmten Raum lebende Gruppe – Halbwachs bezieht sich hier als Stadtsoziologe häufig auf den städtischen Raum – formt diesen Raum gemäß ihrem eigenen Bilde um. Diese Gruppe beugt sich jedoch gleichzeitig beziehungsweise passt sich denjenigen materiellen Dingen an, die ihr Widerstand leisten (vgl. ebd.: 129). Durch ein besonderes Ereignis – Geburt, Berufswechsel, Tod sind sicher die Wichtigsten – kann es zu einem Wandel der Gruppe kommen, die sich in dreifacher Weise als Veränderung auch jenseits der Gruppe niederschlägt (wodurch im Übrigen wieder die relationale Denkweise von Halbwachs zum Ausdruck kommt): Nach einem bedeutsamen Ereignis wird es erstens nicht mehr genau dieselbe Gruppe geben, weil diese sich bedingt durch das Ereignis verändert hat. Zweitens wird es infolgedessen ebenso nicht mehr dasselbe kollektive Gedächtnis geben und drittens wird auch die materielle Umgebung nicht mehr ganz genau dieselbe sein wie zuvor (ebd.: 130). Neben dem juristischen, dem künstlerischen und dem religiösen interessiert sich Halbwachs auch für den wirtschaftlichen Raum, in dem sich die Börse und der Preis als besonders erinnerungsbehaftet erweisen. Diese Preise resultierten aus im Denken der Gruppe in der Schwebe befindlichen sozialen Meinungen und eben nicht aus den physikalischen Eigenschaften der Gegenstände. Des Weiteren »ist es nicht der von den Gegenständen eingenommene Raum, sondern der Ort, an dem sich diese Meinungen über den Wert der Dinge bilden und die Erinnerungen an die Preise weitergegeben werden, der dem wirtschaftliche Gedächtnis als Stütze dienen kann« (ebd.: 150).

Die Erinnerungen einer *religiösen Gruppe* werden augenscheinlich durch den Anblick von religiösen Stätten oder durch die Anordnung wichtiger Kultgegenstände aktiviert. Diese Gruppe habe insbesondere das Bedürfnis, sich auf ein Objekt im Sinne einer andauernden Realität zu stützen. Dies deshalb, weil die Gruppe von sich aus behauptet, sich gerade nicht zu verändern, während sich um sie herum sämtliche Institutionen und Gebräuche verändern; ebenso erneuern sich die Ideen und Erfahrungen (ebd.: 157). Jede Religion verfüge ihrerseits über ein religiöses Gedächtnis, das sich aus Überlieferungen und Glaubenstraditionen zusammensetzt, die ihrerseits aus fernen, an bestimmten Orten stattgefundenen Ereignissen der Vergangenheit bestehen. Dabei unterliegt die religiöse Gemeinschaft einer produktiven Illusion, wenn sie sich einbildet, »sich in keiner Weise gewandelt zu haben, während alles um sie herum sich veränderte. Dies gelingt ihr nur unter der Voraussetzung, daß sie die Stätten wiederfindet oder um sich herum ein zumindest symbolisches Bild der Stätten rekonstruiert, an denen sie sich zuerst gebildet hat« (ebd.: 161). Denn auch diese Stätten tragen zur Beständigkeit der materiellen Dinge bei, und durch das Verhaftetsein an diese erwächst dem kollektiven Denken der Gruppe die beste Aussicht, unveränderlich zu werden und über die Zeit anzudauern; und eben diese ist für das Gedächtnis erforderlich.

Zusammenfassend stellt Halbwachs in einem treffenden Bild fest, dass wohl die »Mehrzahl der Gruppen [...] gewissermaßen ihre Form auf den Erdboden zeichnen und ihre kollektiven Erinnerungen innerhalb des auf diese Weise festgelegten räumlichen Rahmens wiederfinden. Mit anderen Worten: es gibt ebensoviele Arten, sich den Raum zu vergegenwärtigen, wie es Gruppen gibt« (ebd.: 161).

Als sowohl theoretisch wie auch empirisch vorgehender Soziologe will Halbwachs – dessen Konzept aufgrund seines gewaltsamen Todes im Jahre 1945 unvollendet blieb – mit der *mémoire collective* einen grundsätzlichen Aspekt des sozialen Lebens umreißen. Dabei geht es ihm um das Erfassen eines seelischen Wechselspiels spezifischer Individuen (und deren Individualitäten) mit der Dauer bestimmter Sozialitäten, und zwar in allen positiven wie negativen Möglichkeiten. Als ambitionierter Soziologe möchte Halbwachs einen Bereich zugänglich machen, der nicht nur auf jeder Ebene der Soziologie wiederkehrt, sondern – und darin zeigt sich die Anspruchshaltung – ihre Sicht insgesamt kennzeichnet. Wie wiederholt gezeigt wurde (WETZEL 2019), konzipiert Halbwachs Erinnerungen als eine *Rekonstruktion der Vergangenheit* unter Zuhilfenahme von Gegebenheiten, die der Gegenwart entnommen werden. Die in der Gegenwart situierten *cadres* (Rahmen) helfen den jeweiligen Gruppen, sich zu erinnern. Diese Erinnerungen werden durch andere, bereits früher unternommene Rekonstruktionen vorbereitet, aus denen das vergangene Bild immer schon – mehr oder weniger stark – verändert hervorgegangen ist (HALBWACHS 1967: 55f.). Jan Assmann (2005) bezeichnet Halbwachs als ›systemischen‹ (treffender wäre wohl ›systemtheoretischen‹) Gedächtnistheoretiker, da dieser mit Luhmann vergleichbar den Entstehungsprozess des Gedächtnisses im Individuum als autopoietischen Prozess begreifen würde. Zudem kennzeichnet er dessen Gedächtnistheorie als produktive Verbindung einer von Durkheim übernommenen *kollektivistischen Bewusstseinstheorie* und einer *präsentistischen, auch rekonstruktiven Gedächtnistheorie*, die sowohl Bergson als auch (dem weitgehend verschwiegenen) Nietzsche verpflichtet ist. Walter Gierl (2005: 165) beschreibt in seinem ebenso akribisch recherchierten wie aufschlussreichen Beitrag die bemerkenswerten Leistungen der Halbwachs'schen Gedächtnistheorie wie folgt:

1. »Eine Erinnerung kann nie dieselbe sein, denn die rekonstruierende Gegenwart ist *per definitionem* stets eine andere.«
2. »Die jeweilige Kollektivität ist ein Sammelbecken ständig wechselnder Perspektiven und die beteiligten Indi-

viduen und Kollektivitäten verändern und kreuzen sich selbst wieder.«

3. »Weil die Erinnerung so jede bleibende Substanz verliert, werden ja die äußeren Bedingungen so wichtig und die gelungenen Abgrenzungen zu Statthaltern des Identischen.«

Jan Assmann bemerkt ergänzend dazu, dass das kollektive Gedächtnis nicht nur in eine, sondern eben in beide Richtungen operiert: »zurück und nach vorne. Das Gedächtnis rekonstruiert nicht nur die Vergangenheit, es organisiert auch die Erfahrung der Gegenwart und Zukunft« (ASSMANN 2007: 42). Und eben diese Vergangenheit wird mit Halbwachs als eine *soziale Konstruktion* fassbar. Eine soziale Konstruktion, die sich explizit »aus den Sinnbedürfnissen und Bezugsrahmen der jeweiligen Gegenwarten her ergibt« (ebd.: 48).

VI. Zentrale Aspekte des Gesamtwerks

Neben den mittlerweile ins kollektive Gedächtnis der Geistes- und Sozialwissenschaften eingegangenen Arbeiten zu den Themen Gedächtnis und Erinnerung behandelt Halbwachs vor und während seiner Gedächtnisstudien eine ganze Reihe von Themen in seinen Werken, die wissenssoziologisch von Interesse sind. Die wichtigsten Arbeiten werden nachfolgend in ausgewählten und zentralen Aspekten vorgestellt. Dabei geht es um mögliche Verbindungen zwischen Soziologie und kollektiver Psychologie, um eine Soziologie der sozialen Klassen, um den Zusammenhang zwischen Soziologie und Ökonomie, um die Soziologie des Selbstmordes und schließlich die Soziologie der sozialen Morphologie.

Soziologie und kollektive Psychologie

Die im Band *Kollektive Psychologie. Ausgewählte Schriften* (2001c) versammelten Aufsätze belegen nachdrücklich, worum es Halbwachs zeitlebens geht: um eine Soziologie, die sich wesentlich als »kollektive Psychologie« zu begreifen habe. Eine solche »kollektive Psychologie« handelt von den gemeinsamen Vorstellungen der Menschen: von ihrer Welt, von geteilten Wahrnehmungen und Empfindungen ebenso wie von den gemeinsamen Lebensvollzügen, in denen ihre Weltaneignung geschieht. Kritisch problematisiert Halbwachs in diesem Zusammenhang die überzogenen Deutungsansprüche einer lediglich individuellen Psychologie menschlichen Handelns. Bekanntlich gehören die Psychologie und der »Psychologismus« zu den größten geistigen Herausforderungen (und zu den veritablen Hindernissen für konkurrierende Wissenschaften) in der ersten Hälfte des 20. Jahrhunderts. Statt einer verkürzten, weil rein individualistischen Sichtweise zeigt Halbwachs im Rahmen einer »kollektiven Psychologie« die Bedeutsamkeit geteilter Vorstellungen auf; wie etwa soziale und mentale Strukturen, wie individuelles Bewusstsein und kollektiver Geist in einem untrennbaren Verhältnis zueinander stehen. Das hierbei untersuchte Spektrum reicht von den gesellschaftlichen Anfangsgründen der Vernunft bis zur sozialen Ordnungsmacht der Gefühle.

In einem Aufsatz mit dem programmatischen Titel *Individuelles Bewußtsein und kollektiver Geist* (Orig. 1939) plädiert Halbwachs für das Berücksichtigen einer objektiven und einer affektiven Vernunft; denn, so lautet das Argument, wenn es so etwas wie eine Logik der Empfindungen und Überzeugungen gibt, dann genau deshalb, »weil Verstand und Gefühl nie wirklich wie durch ein wasserdichtes Schott getrennt sind« (HALBWACHS 2001c: 46). Der Band endet mit dem kurzen Text *Gefühle und Gesellschaft* (Orig. 1947), in dem Halbwachs seine Überlegungen zur gesellschaftlichen Dimension der Gefühle dadurch vertieft, dass er aufzeigt, wie die scheinbar höchst individuellen Gefühle von einer kollektiven Formung imprägniert sind. Ob Trauer oder Freude, immer gehorchen unsere Gefühle einer sozialen Disziplinierung, soll heißen: »bei bestimmten Ereignissen, unter gewissen Umständen ist es die Gesellschaft selbst, die uns anweist, wie wir uns zu verhalten haben« (ebd.: 70). Und weitergehend erläutert Halbwachs: Es ist die soziale Konventionalität bzw. die kollektive Konditionierung des Gefühlsausdrucks, die sich der Gefühle selbst bemächtigt.

Auch wissenschaftstheoretische Überlegungen bezieht der französische Soziologe in diesen ausgewählten Schriften mit ein: So findet sich an einer Stelle die Behauptung, dass Induktionen im Grundlegenden selbst einen deduktiven, apriorischen Zug enthielten. Warum? Halbwachs argumentiert, dass kein erfahrungshaltiger Schluss Gültigkeit zu beanspruchen vermag, wenn er nicht mit unserer Vernunft übereinstimmt (ebd.: 58). Und die Rahmen für diese Vernunft können wiederum nur aus der Gesellschaft selbst kommen.

Soziologie der sozialen Klassen und der Lebensweisen

Maurice Halbwachs lenkt in seiner aus dem Jahr 1938 stammenden Arbeit *Entwurf einer Psychologie sozialer Klassen* (dt. 2001a) den Blick auf unterschiedliche menschliche Gruppen, um deren beherrschende kollektive Vorstellungen zu erkunden: »wie ihre Kraft und ihre Ausdehnung beschaffen sind, wo ihre Grenzen liegen« (HALBWACHS 2001a: 33).[22] Grundsätzlich interessiert sich Halbwachs für die gesellschaftlichen – und eben nicht individuellen bzw. isolierten – Antriebe, wie etwa Familiensinn, Ehrgeiz, Sparsamkeit, das Trachten nach weltlichen Gütern und nach Unterscheidung. Kurzum: Es geht immer auch um den Wunsch, seine Lage zu verbessern. Halbwachs kommt es in diesem Zusammenhang auf den jeweiligen Maßstab, die Nachdrücklichkeit und die Gegenständlichkeit kollektiver Repräsentationen an. Dabei zieht er eine klare Grenze zwischen früher und heute, d.h. zwischen ›traditioneller‹ und ›moderner‹ Kultur: Diesen historischen Gegensatz sieht er im kaum überbrückbaren Unterschied von Stadt und Land erhalten.

In einem ersten Teil widmet sich Halbwachs daher auch einer Thematik, die mit ›Die traditionelle Kultur und die bäuerlichen Klassen. Landwirtschaft und Schollenbildung‹ überschrieben ist. Das ganze Leben und Denken des Bauern sei unlösbar mit der Scholle verwachsen, was wiederum andere Beweggründe erkläre, andere kollektive Gefühle, also die Verbundenheit mit dem Haus, die die Basis der bäuerlichen Familie und ihrer Einheit bilde. Den zweiten Teil, ›Die städtischen Klassen und die industrielle Zivilisation‹, unterteilt

22 Vgl. dazu auch die Vorlesungen von Halbwachs zu den sozialen Klassen, *Les classes sociales* (2008).

Halbwachs wiederum in drei Abschnitte: 1. Die Unternehmer und das Bürgertum, 2. Der Industriearbeiter und 3. Die Mittelklassen. Hier stößt der Leser auf bemerkenswerte wirtschaftssoziologische Überlegungen, die das Erwerbsstreben ebenso betreffen wie den Unternehmergeist, den Kampfgeist und die Wettbewerbshaltung. Als wirtschaftlichen Fortschritt identifiziert Halbwachs eine – von ihm durchaus als ambivalent empfundene – wissenschaftliche Gestaltung der Fabriken (Taylorismus), eine Vereinheitlichung der Bedürfnisse, Berechenbarkeit, Verwaltung und Bürokratismus. Er scheut sich nicht, auf die Konsequenzen einer vom Liberalismus geordneten Wirtschaftswelt aufmerksam zu machen: Es sind »dies Kriegszustände eines Krieges, in dem alle Mittel recht sind, solange sie Erfolg haben« (ebd.: 67). Eben so wird die Wandlung des Bildes vom Unternehmer betrachtet, und mit Weber und Sombart im Hintergrund blickt Halbwachs auf die Rationalisierung und die wissenschaftlichen Verfahren, die nach und nach die Seele durch einen Geist (das abstrakte Kalkül) des Unternehmens ersetzt und schließlich entmenschlicht hätten (VERRET 1972: 322f.). Die Auswüchse einer damit verbundenen kapitalistischen Logik haben sich auch im Zuge einer fortlaufenden Ökonomisierung gesellschaftlicher Felder jenseits der Ökonomie (Gesundheit, Bildung etc.) niedergeschlagen.

Eine ausführliche Betrachtung erfahren die Industriearbeiter, die zu Beginn des 20. Jahrhunderts nahezu ein Drittel der Erwerbsbevölkerung ausmachen. Die ›Mittelklassen‹, die ihre gesellschaftliche Position mit ihrem Hang zur Unabhängigkeit festigten, sieht Halbwachs durch die Handwerker, die Angestellten und die kleinen Beamten vertreten. Am Ende seiner Überlegungen reflektiert der französische Soziologe den Zusammenhang von Klasse und Nation. Für Halbwachs gibt es nur Klassen, »die in wechselseitigen Vorstellungen empirisch nachweisbar sind, was nur bei objektivierten Präferenzen denkbar ist, die sich auf Aktivitäten und Güter beziehen. Diese sind historisch zuerst religiös, dann politisch, endlich ökonomisch bestimmt« (GIERL 2005: 172).

Halbwachs zufolge könne es sein, dass eine bestimmte Klasse ein ganzes Land zu vertreten beansprucht, und das Nationalgefühl drücke sich hier vor allem im Klassengeist aus: »aristokratisch oder kapitalistisch in Großbritannien, [...]; proletarisch in der Sowjetunion; eher mittelständisch in unserem Land. Wieder anderswo tritt der Entwurf eines totalitären Staates hervor: im nazistischen Deutschland ausgehend von ethnischer Einheit; im faschistischen Italien als Ausgabe eines neuen politischen Leitbildes« (2001a: 160). Diese frühe Arbeit von Halbwachs thematisiert die enge Verflechtung der ländlichen Gruppen mit dem von ihnen bevölkerten Raum ebenso wie den Zusammenhang von Familie und Haus, Arbeit und Scholle, aus dem eine je besondere ›Lebensweise‹ resultiert, die sich im Materiellen verfestigt und dadurch der Gruppe Dauer und Stabilität gewährleistet. Hier beeindrucken die konsistente Argumentation und das reichhaltige Material, das eine lebendige Veranschaulichung erfährt.

Soziologie und Ökonomie

Halbwachs hält in seinen Arbeiten von Anfang an die eminent soziologischen Themen der sozialen Klassen, der Klassenlagen und des Lebensstils präsent. Davon legt insbesondere der Band *Klassen und Lebensweisen. Ausgewählte Schriften* (2001b) beredt Zeugnis ab. Indem Gustav Schmoller, so Halbwachs in einer Arbeit aus dem Jahr 1905, die Sozialökonomik wieder in Soziologie und Geschichte einordne, lasse er die Vielfalt der Triebe auferstehen, was für das wirtschaftliche Handeln insofern wichtig wird (vgl. HALBWACHS 2001b: 19), als der von der klassischen Nationalökonomie gezeichnete *homo oeconomicus* eben diese Triebe und Gefühle nicht berücksichtigt. Ökonomische Tatbestände sind aber soziale Tatbestände und als solche Gegenstand einer ›kollektiven Psychologie‹ und damit auch der Soziologie. Schmoller unterscheidet eben gerade nicht – und hier liegt ein entscheidendes Denkmotiv von Halbwachs – zwischen dem

Sozialen und dem Individuellen. In der Nationalökonomie könne man die Abfolge ökonomischer Tatsachen nicht durch das Handeln der einzelnen Menschen erklären, vielmehr müssten individuelle von sozialen Handlungen und Tätigkeiten unterschieden werden.

Für Halbwachs sind es die sozial verfügten, sozial wahrgenommenen und sozial bewerteten Lebensweisen (*niveaux de vie*), an deren Grenzen sich die Klassen unterscheiden lassen. Anders gesagt: Gegenstand der Soziologie ist nicht ein »objektives Substrat« dessen, was man gemeinhin als Klassen wahrnimmt, »sondern diese Wahrnehmungen selbst sind die Maßstäbe, nach denen das soziale Bewusstsein ›Klassen‹ einteilt, die Erscheinungen, an denen es die ›Klassen‹ erkennt«, so Stephan Egger in seinem instruktiven Nachwort (in HALBWACHS 2001b: 138). Nicht nur belegt Halbwachs – als einer der Ersten überhaupt – seine Klassentheorie mit empirischer Forschung und Statistiken. Entscheidend und originell ist vor allem der Umstand – darauf hat jüngst Franz Schultheis hingewiesen –, dass Halbwachs bei den Konsumptionsverhältnissen ansetzt, bei einer bestimmten Lebensweise, in der die Klassenlagen ihren Ausdruck finden. In seiner Auseinandersetzung mit den ›Mittelklassen‹, die Halbwachs in Anlehnung an François Simiand als eine ständige Gruppe von Menschen und ihren Angehörigen versteht, »die über ausreichend Einkünfte verfügen und häufig auch ein gewisses Vermögen besitzen, und die zwischen der Oberschicht und der Arbeiterklasse, den Lohnabhängigen stehen« (ebd.: 75), unterscheidet er die stoffliche Arbeit der Handwerker von dem Tun der Angestellten bzw. der Beamtenschaft, die sich beide mit ›belebter Materie‹, d.h. mit Menschen und mit ihren Gruppen beschäftigen. Mit der Frage, wie die Arbeiter ihre Ausgaben verteilen, gerade auch im Vergleich zu anderen gesellschaftlichen Klassen, beschäftigt sich Halbwachs in seiner Arbeit *Beitrag zu einer soziologischen Theorie der Arbeiterklasse* (1926).

In dem Aufsatz *Materie und Gesellschaft* entfaltet Halbwachs abschließend zum einen eher allgemeine Überlegungen zum

Verhältnis von Gegenstandswelt und Gesellschaft, wobei er vor allem das gleich ursprüngliche und praktische Verhältnis von sozialen und mentalen Strukturen behandelt, und zwar so, wie sich diese Beziehung in einer Welt konkreter Lebensvollzüge verdichtet und verdinglicht, manifestiert und symbolisiert. Zum anderen geht Halbwachs dezidiert auf die Standardisierungen im Kontext des Taylorismus in der Fabrikarbeit ein und auf das damit verbundene Schicksal der Arbeiter:

> »Weil man den Arbeiter nicht gänzlich zur Maschine machen konnte, hat man nicht nur seine grundlegenden Handgriffe mechanisiert, sondern auch ihr Koordinationsprinzip, hat dieses Prinzip dem Bewußtsein und Willen des Arbeiters entzogen und in ein externes und von außen überwachtes Regelwerk verwandelt, das die Widerstände und Neigungen eines jeden übergeht und nichts kennt als die gleichbleibenden, durchschnittlichen Eigenschaften der physischen Natur« (ebd.: 100f.).

Eine von Taylor und dem Taylorismus verursachte Folge für den Fabrikarbeiter wäre eine zumindest am Arbeitsplatz stärker verbreitete Entsozialisierung (ebd.: 104).

Soziologie des Selbstmordes

Émile Durkheim geht in seiner berühmten Studie *Der Selbstmord* (1897) von der Tatsache aus, dass die Selbstmordrate zwar zwischen verschiedenen Ländern variiert, jedoch in jedem einzelnen Land relativ stabil bleibt und sich eigentlich nur unter dem Einfluss besonderer sozialer Ereignisse verändert (DURKHEIM 1983: 35f.). Unter Berücksichtigung der Tatsache, dass Nichtverheiratete öfter Selbstmord verüben als Verheiratete und Protestanten öfter als Katholiken, schließt Durkheim auf eine diesem Phänomen gemeinsam zugrunde liegende Ursache: die kollektive Desintegration. Das heißt, die Selbstmordrate variiert umgekehrt zum Grad der Integration der religiösen, der häuslichen und der politischen Gemeinschaft (GUGLER 1961: 59). Eine andere Erklärung liefern Psychiater, die im Unterschied zu Soziologen den Selbstmord auf Geisteskrankheiten zurückführen.

Halbwachs beabsichtigt mit seinem Werk *Les causes du suicide* (1930)[23] ursprünglich eine Aktualisierung und Erweiterung der Durkheim'schen Selbstmordstudie (MONTIGNY 2005: 30). Mit seiner Synthese zwischen den soziologischen (Durkheim) und den psychiatrischen Erklärungsweisen geht Halbwachs allerdings über Durkheim hinaus, wenn er dessen Schlussfolgerungen – auch unter der Zuhilfenahme neuer Statistiken – verbessert und korrigiert. Im Sinne einer Differenzierung zur Arbeit Durkheims beschäftigt sich Halbwachs, wie der Titel schon aufzeigt, mit den *Ursachen* des Selbstmordes. Als solche Ursachen treten – neben der Schwächung der Sitten – alle Eventualitäten auf, die zu Konflikt und Enttäuschungen Anlass geben, was einer zunehmenden Komplexität des sozialen Lebens geschuldet ist. Durch das Einbeziehen der psychiatrischen Erklärung gelingt es Halbwachs, den Selbstmörder in seiner psychischen und affektiven Verfasstheit vor der Tat anzuerkennen. Daraus resultiere durchaus ein der Geisteskrankheit benachbarter Zustand (MUCCHIELLI/RENNEVILLE 1998: 3f.). Wichtig ist dabei der Faktor der sozialen Isolation, denn ein durch die Gesellschaft gebildetes Denken könne nichts schlechter ertragen als die soziale Leere, weshalb es tatsächlich auf den Zustand der Einsamkeit und der Verzweiflung ankomme, den man nicht negieren dürfe, wenn man den Selbstmord erklären will (HALBWACHS 1930: 425).

Hat Durkheim noch die den Selbstmord verhindernde Wirkung der Familie betont, so zeigt Halbwachs, dass man die Familie nicht nur in ihrer Zusammensetzung, sondern ihre Gewohnheiten und ihre Gefühlswelten betrachten muss. Wenn man nicht nur die Konfiguration der Familie, sondern auch ihre Gewohnheiten und ihre Gefühlswelten einbezieht, dann

23 Bislang ist dieses wichtige Werk von Halbwachs leider nicht ins Deutsche übersetzt worden. Es gibt aber eine englische Fassung (*The Causes of Suicide* [1978]). Immerhin wurde die Studie 2002 in Frankreich neu aufgelegt.

kann man die Familie nicht mehr von ihrem weiteren sozialen Milieu lösen, indem sie situiert ist und für ihre weitere Entwicklung geprägt wird (ebd.: 238).

Der Zusammenhang zwischen Selbstmordrate und Religion gilt als der berühmteste innerhalb der Durkheim-Studie. Demzufolge gibt es bei Protestanten eine deutlich höhere Selbstmordrate als bei Katholiken. Erklärt wird dieser Umstand mit einer unterschiedlichen Organisationsform der beiden Kirchen sowie einer stärkeren Solidarität unter den Katholiken. Halbwachs macht dagegen darauf aufmerksam, dass sich in manchen Regionen ebenso viele, ja sogar mehr Katholiken als Protestanten umbringen. Dementsprechend müsse der religiöse Faktor als ein sozialer Faktor unter vielen relativiert werden:

> »Der Einfluss des Milieus, sei es ländlich oder städtisch, erscheint also entscheidend. Nicht aufgrund der Tatsache, dass es Katholiken sind, sondern weil sie in traditionell organisierten ländlichen Gegenden wohnen, bringen sich weniger Katholiken um. Es reicht aus, sie in städtische Milieus zu transferieren, damit sie sich [den höheren Selbstmordraten bei] den Protestanten annähern« (ebd.: 282).

Für Durkheim sind Zeiten des Krieges zugleich Zeiten niedriger Selbstmordraten. Halbwachs weist aber darauf hin, dass auch in Nichtkriegsländern die Raten zurückgehen. Zeiten der ökonomischen Krise erweisen sich gleichfalls als günstige Zeiten für ein Ansteigen der Selbstmordrate, Halbwachs sieht jedoch das Ansteigen der Rate in Frankreich als von der politisch-moralischen Krise beeinflusst, was sich vor allem in der Dreyfus-Affäre manifestiert. Während Durkheim die Tendenz hat, kollektive und individuelle Anteile eher künstlich in soziologische und psychologische Erklärungsweisen zu trennen, kommt es Halbwachs auf die Vermittlung beider an (MONTIGNY 2005: 33). Sehr deutlich wird dies durch den von Halbwachs geschilderten Zusammenhang. Ihm zufolge erklärt der Psychiater den Selbstmord mit der Persönlichkeit des Selbstmörders, und gerade nicht bedingt durch sein soziales Milieu. Er würde nicht sehen, dass der Grund des Selbstmordes auch in der vom Selbstmörder empfundenen

Leere begründet liegt, und dass es keine Selbstmorde gebe, wenn diese Erfahrungen der Einsamkeit und Verlorenheit nicht vorhanden wären. In Wirklichkeit könne jeder Selbstmord von zwei Seiten betrachtet werden. Je nachdem, ob man sich auf der einen oder der anderen Seite platziert, wird man im Selbstmord den Effekt eines nervös gestörten Menschen sehen, was auf organische Gründe zurückzuführen sei. Oder man würde den Selbstmord mit einer Störung im kollektiven Gleichgewicht erklären, der wiederum eine soziale Ursache zugrunde liegt (HALBWACHS 1930: 448/449). Trotz der angeführten Erweiterungen und Kritiken gegenüber Durkheim stimmt Halbwachs dahingehend mit ihm überein, dass der Grad der (Des-)Integration in einer Gruppe mit darüber entscheidet, wer sich selbst tötet und wer nicht. Die soziale Leere, die Erfahrung der Anomie und der damit einhergehende Verlust der sozialen Bindungen sowie der Solidarität, die allesamt einer städtischen Lebensweise geschuldet sind, erhöhen die Affinität zum Selbstmord (BESNARD 1983).

Soziologie der sozialen Morphologie

Die im Band *Soziale Morphologie* (2002) versammelten Studien von Halbwachs, die allesamt erstmals 1938 veröffentlicht wurden, beschäftigen sich mit dem Vorgang einer *materiellen Gestaltwerdung des Sozialen*. Für Canguilhem (1947) ist es, wie er in seinem Nachruf auf Halbwachs betont, genau das Verhältnis des Menschen zur Materie, noch weiter gefasst das Verhältnis zwischen Organismus und Umwelt, das im Zentrum der Halbwachs'schen Reflexionen stehe (Schmidgen in CANGUILHEM 2022: 39). Die Sozialmorphologie hat insbesondere die Geschichtswissenschaft (École des Annales) und die Sozialgeografie beeinflusst. Als sozialwissenschaftliche Teildisziplin beschäftigt sie sich insbesondere mit dem ›materiellen Substrat‹

der Gesellschaft und den räumlichen Aspekten der Lebensbedingungen. Halbwachs schreibt zu den Absichten einer sozialen Morphologie resümierend:

> »In any case, social morphology, like sociology, relates above all to collective representations. If we fix our attention on these material forms, it is in order to discover, behind them, a whole part of collective psychology. Because society is part of the material world, and the thinking of the group finds, in the representations coming to it from these spatial conditions, a principle of regularity and stability, just as individual thinking needs to perceive body and space to maintain balance« (zit. nach MONTIGNY 2021: 87).

Indem Halbwachs die zeitliche Auffächerung in materiale Formen verräumlicht, also in religiöse, politische und ökonomische Morphologie, legt er damit indirekt dar, »wie sich divergente Erinnerungswelten, ob Mythen, Traditionen oder Diskurse, als archäologische Schichten und Bauten überlagern, materialisieren und verstetigen« (GIERL 2005: 172). Für Walter Gierl handelt es sich dabei um eine »Form der tripartialen Simultaneität« (ebd.).

Es überrascht kaum, dass Halbwachs im ersten Kapitel – »Was heißt soziale Morphologie?« – selbst den Hinweis auf Simmels Begriff der sozialen Formen gibt (HALBWACHS 2002: 15). Konkret zeigt sich die Gestaltwerdung dieser sozialen Formen in einer religiösen, einer politischen und einer ökonomischen Morphologie; hinzu tritt noch die Morphologie der Großstadt. Bekanntlich hatte bereits Durkheim in der sozialen Morphologie den zweiten Tatbestand – neben dem der ›kollektiven Psychologie‹ – für die Soziologie gesehen. Der sozialen Morphologie geht es sowohl um die Spuren, die der Mensch in Raum und Zeit erzeugt und hinterlässt, als auch um die materiellen Strukturen menschlicher Gruppen und ganzer Bevölkerungen. Dabei gelangt Halbwachs wiederholt über den Horizont einer reinen Bevölkerungslehre hinaus, wenn er hinter den Tatbeständen des Bevölkerungsverhaltens gesellschaftliche Ursachen – und damit wiederum Tatbestände einer kollektiven Psychologie – dingfest zu machen sucht.

Sein epistemologischer Einwand gegen die Bevölkerungswissenschaft lautet in Durkheim'scher Manier: Hinter demografischen Tatbeständen stehen immer soziale Tatbestände! (ebd.: 22). Ausgangspunkt einer *sozialen Morphologie* sind zunächst materielle Erscheinungen. Halbwachs betont jedoch, über diesen schmalen Pfad »ins Herz der gesellschaftlichen Wirklichkeit« (ebd.: 18) vordringen zu wollen.

Die *religiöse Morphologie* belegt für Frankreich, dass es neben der Bevölkerungsdichte auch eine Religionsdichte gibt, und dass ein religiöser Körper wie die Bevölkerung eines Staates einen Staat schrumpfen oder wachsen lassen kann (ebd.: 25). Schließlich beschäftigt sich die religiöse Morphologie, die in der Vergangenheit eng mit der Politik verwoben war, auch mit der Struktur der religiösen Gruppe, also der Kirche, der Gesamtheit von Priestern und Laien.

Die *politische Morphologie* untersucht ihrerseits die verschiedenen Regierungsordnungen und die Arten der Verwaltung, und zwar in ihrer Beziehung zu den äußeren Formen der Gruppen, auf die sie sich erstrecken (ebd.: 34). Man kann hier insofern von einer politischen Morphologie sprechen, so Halbwachs, dass Staaten beziehungsweise die politischen Institutionen eines Landes festgelegte und dauerhafte Formen aufweisen, »die dem Wandel deshalb widerstehen, weil sie gleichsam mit den Dingen verbunden sind, mit bestimmten Grenzen und Gestaltungen der Dinge, und vor allem untrennbar mit den Vorstellungen, die sich menschliche Gruppen von ihnen machen« (ebd.: 40f.).

Ebenso zeigt sich in der ökonomischen Morphologie das für Halbwachs entscheidende Bedingungsverhältnis: Diesem Verhältnis zufolge sind auch die materiellen Formen des Wirtschaftens kollektiven Ursprungs, verstehbar als Ausdruck der Vorstellungen, Neigungen und Bedürfnisse sozialer Gruppen. Halbwachs erwähnt zudem einen morphologischen Aspekt sozialer Klassen:

> »Sie weisen auch eine eigentümliche Art und Weise ihrer räumlichen Anordnung auf, ihrer Ausdehnung, der Häufung oder Ver-

streuung ihrer Mitglieder auf dem Angesicht der Erde, und eine bestimmte Art und Häufigkeit ihrer räumlichen Bewegung. All dies sind Tatbestände, die unmittelbar mit der Bevölkerungswissenschaft in Beziehung stehen« (ebd.: 55).

In der *Morphologie der Großstadt* verdeutlicht Halbwachs exemplarisch das Zusammenspiel von religiöser, ökonomischer und politischer Morphologie: Insgesamt resultiert daraus eine Geschichte der Großstadt – ihrerseits Chiffre der modernen Zivilisation – und ihrer Veränderungen, der Straßen, der Häuser, der Bevölkerung und der religiösen Gruppierungen. Im Rahmen einer so verstandenen sozialen Morphologie schreibt Halbwachs allen kollektiven und praktischen Lebensvollzügen – und darum geht es ihm primär – räumliche Bedingungen zu. Dabei erweist sich gerade diese räumliche Anordnung der städtischen Klassen als zentral, und zwar mit ihren Verteilungen und ihren Bewegungsströmen, die von einer Mannigfaltigkeit der Lebensweisen Zeugnis ablegt. Für Halbwachs ist es beispielsweise der kollektive Überschwang, den man hin und wieder und zudem an gewissen Orten – im Kreise der Familie, in religiösen Gruppen, politischen Gemeinschaften, oft auch im Wirtschaftsleben – beobachten kann, der das Leben in der Großstadt verdichtet: Durch das Ausrichten von Festen und Feierlichkeiten, größeren Versammlungen, auf Märkten, in großen Unternehmen, die viele Menschen auf engstem Raum versammeln, entsteht eine Intensität des sozialen Lebens, »die sonst doch eher die Ausnahme bleibt«, in der Welt der Großstadt aber »auf eine gewisse Weise zur Regel« wird (HALBWACHS 2002: 68).

Im Kapitel »Über die materiellen Formen des sozialen Lebens« erkundet Halbwachs den Zusammenhang zwischen sozialer Morphologie und Soziologie. Durkheim hat die Soziologie als mit zwei Arten von Tatbeständen befasst gesehen, zum einen mit einer kollektiven Psychologie, also gesellschaftlichen Vorstellungen über die den Menschen umgebende Welt, und zum anderen mit den Gegenständen einer sozialen Morphologie, den Spuren, die der Mensch in der Welt hinterlässt, den Größen in Raum und Zeit, die er hervorbringt. Den Einsatzpunkt der sozialen Morphologie bei Halbwachs kann man wie folgt beschreiben: Die materiellen Bedingungen der Gesellschaft setzen einer Ausübung ihrer Funktionen, der Veränderung ihrer Organe, ihrem Leben und ihrer Entwicklung immer auch Widerstände entgegen. Diesem, den menschlichen Gruppen geltende Aspekt des kollektiven Lebens, insofern diese sich in der physischen Welt bewegen und vom Strom des organischen Lebens erfasst werden, gilt die Aufmerksamkeit der sozialen Morphologie. Aber auch – und nur unter dieser Bedingung bleibt man im Reich des sozialen beziehungsweise des kollektiven Denkens – insofern sich materielle Dinge im Raum wahrnehmen und vorstellen lassen: Das ist der Gegenstand der sozialen Morphologie (ebd.: 73). Zu einer Ordnung des Denkens tritt die Ordnung der Dinge, und insofern kommt es bei Halbwachs zu einem Aufbrechen der sozialen Strukturen, wie Stephan Egger schreibt, »um ihre ›materielle‹ und ›spirituelle‹ Seite *praktisch* im Rahmen der Gesamtheit kollektiver Lebensäußerungen erneut zusammenzufügen – soziale Gruppen, jene Gesamtheiten, von denen selbst nur die Rede sein kann, wenn hinter ihnen gemeinsame ›Lebensweisen‹ stehen [...]« (in: ebd.: 120).

VII. Halbwachs' Vermächtnis

Sterben und Tod

Zeit seines Lebens ist Halbwachs davon überzeugt, dass sich keine einzige Sache der Sozialwelt ohne Bezug zur anderen denken lässt, auch könne man sich selbst gar nicht ohne den Rückgriff auf den anderen denken, man lebt auch für den anderen (ALEXANDRE 1949: 6). Diese fundamentale, auch ethisch-politisch bedeutsame Einsicht begleitet den engagierten Intellektuellen in den beiden Weltkriegen ebenso wie in seiner Funktion als kritischer Sozialwissenschaftler (MARCEL 2001). Das soziologische Denken vom anderen her prägt Halbwachs' Auftreten im öffentlichen Raum und im Privatleben bis zum Schluss, der in seinem Fall besonders tragisch ausfällt.

Wie für viele seiner Kollegen, Freunde und Zeitgenossen endet das bemerkenswerte Leben von Maurice Halbwachs in einem deutschen Vernichtungslager: Gekennzeichnet als politischer Häftling Nr. 77161 wird er im Kleinen Lager von Buchenwald inhaftiert. Sein Tod im KZ Buchenwald ist Gegenstand zahlreicher Nachrufe und Hommagen geworden (CANGUILHEM 1947; FRIEDMANN 1978; BOURDIEU 2003). Kurz vor der Befreiung, die die alliierten Truppen am 11. April 1945 erkämpfen, stirbt Halbwachs völlig entkräftet am 15. März 1945. Knapp acht Monate früher waren er und sein Sohn Pierre am 23. Juli 1944 in Paris der Gestapo in die Hände gefallen, gerade »als er seiner jüdischen Frau half, aus der gemeinsamen Wohnung am Boulevard Raspail zu fliehen« (LEPENIES 2006: 233).

Es sind wohl die Sinnlosigkeit und die tiefe Tragik des langsamen Todes eines großen Gelehrten und politisch engagierten Menschen, die Schriftsteller, Gelehrte und andere Kunstschaffende dazu bewegt haben dürften, sich mit dem Sterben von Halbwachs literarisch und künstlerisch auseinanderzusetzen. Besonderen Stellenwert nehmen dabei die Bücher des spanischen Autors und späteren Kulturministers Jorge Semprún (1923-2011) ein. In mehreren Arbeiten, die dem Erinnern und Durcharbeiten des Erlebten gewidmet sind, umkreist Semprún das Sterben Halbwachs'. Nach seiner eigenen Befreiung aus Buchenwald braucht es für Semprún viele Jahre des Vergessens, um überhaupt weiterleben zu können, so dass er erst fünfzig Jahre später, genauer im Jahr 1994, sein erstes Erinnerungsbuch *Schreiben oder Leben* (dt. 1995) veröffentlicht. Viele Jahrzehnte lang muss Semprún seine Schreibpläne, die er schon bald nach der Befreiung aus Buchenwald fasst, aufgrund von psychisch bedingten Schreibblockaden zurückstellen. In dem mittlerweile berühmten Buch *Schreiben oder Leben* legt Semprún Zeugnis von der Macht des kollektiven und kulturellen Gedächtnisses, aber auch von der Bedeutsamkeit von Philosophie und Literatur für sein konkretes Überleben im KZ ab.

Im thüringischen Buchenwald trifft der seit Januar 1944 inhaftierte Semprún im Herbst desselben Jahres auf den Soziologen Halbwachs, bei dem er noch nicht allzu lange Zeit zuvor, im Jahr 1942, an der Universität Sorbonne Vorlesungen gehört hat. Im Lager entwickelt sich zwischen beiden Männern eine Freundschaft. Als 22-jähriger spanischer Student und Résistance-Kämpfer nimmt Semprún im Vergleich zum fast 68-jährigen Halbwachs die Rolle des Schülers ein: Man spricht über Halbwachs' frühere Vorlesungen, etwa über den *Potlatsch*, ein Fest der nordamerikanischen indigenen Bevölkerung, bei dem Geschenke verteilt und Wertgegenstände zerstört werden. Dies dient der Zurschaustellung des eigenen Reichtums, genauer dazu seinen sozialen Rang abzusichern und sein Ansehen in der Gruppe zu erhöhen. Gleichfalls wird über Philosophie und Literatur gesprochen. Doch Halbwachs ist bereits dem

Tod geweiht, und Semprún bekräftigt in seinen Schilderungen unsere Anteilnahme an diesem Schicksal poetisch, besonders dann, wenn es um den Akt des Sterbens geht: »Etwas später, als ich ihm irgendetwas erzählte, nur damit er den Klang einer freundschaftlichen Stimme höre, hat er plötzlich die Augen geöffnet. Eine Verzweiflung voller Ekel, die Scham über seinen verfallenden Körper standen darin zu lesen. Aber auch eine Flamme der Würde, besiegter, doch unversehrter Menschlichkeit« (SEMPRÚN 1995: 33). Obwohl Halbwachs schon wenige Tage danach stirbt, schildert Semprún hier, nicht frei von Pathos, einen ›Sieg‹ der Humanität, der ihm durch seinen Lehrmeister und Schicksalsgenossen vermittelt wird.

Dennoch empfindet es der in der Schreibstube des Lagers arbeitende Semprún als besonders schmerzhaft, kurz nach Halbwachs' Tod, dessen Kräfte am 15. März 1945 endgültig versiegten (POLIN 1946: 119), den Namen des verehrten Freundes sowie dessen Häftlingsnummer auf der Karteikarte auszuradieren. Dieser so banal klingende Akt macht etwas anderes möglich: »ein anderes Leben könnte darauf eingetragen werden, ein neuer Tod« (SEMPRÚN 1995: 58). Semprún bezeichnet sich und die Überlebenden als »Wiedergänger«, die so sehr mit dem Tod in Berührung kamen, dass sie es körperlich durchlebten: »Eine Art körperliche Traurigkeit überfiel mich. Ich dämmerte in dieser Traurigkeit meines Körpers. In dieser fleischlichen Bestürzung, die mich mir selbst unbewohnbar machte. Die Zeit verging, Halbwachs war tot. Ich hatte den Tod von Halbwachs durchlebt« (ebd.: 58).

Lutz Niethammer weist in seiner umfassenden Arbeit zur kollektiven Identität darauf hin, dass Semprúns Erinnerung »an den Tod von Maurice Halbwachs [nicht in dessen] Theorie« passt (NIETHAMMER 2000: 362), denn es ist ja tatsächlich kein Gruppengedächtnis, das uns den einzigen Bericht über Halbwachs' Tod liefert, sondern »das Gedächtnis und die künstlerische Darstellungskraft eines Menschen, der sein Überleben bis zum heutigen Tag überlebt hat« (DOSSMANN 2002: 198).

Annette Becker will in ihrer umfangreichen biografischen Studie zu Halbwachs zeigen, dass Semprún mit den Schilderungen des Todes Halbwachs' diesen poetisch überhöht und dabei übertrieben habe (vgl. BECKER 2003: 414f.). Aber liegt das nicht in der Freiheit des Künstlers begründet, der sich nicht mit seiner eigenen Geschichte begnügt, sondern uns einen veritablen Einblick in die Geschehnisse eines »lieu de mémoire« geben will, wie Semprún Buchenwald selbst bezeichnet? (SEMPRÚN 2001: 68) Anders gesagt: Wie immer man die poetische Darstellung Semprúns einschätzen mag, seine Bücher bleiben doch, wie Harald Weinrich (2005: 244) formuliert, »als ein Zeugnis der Menschlichkeit im Gedächtnis«.

Neben den Arbeiten Semprúns sind auch die 1944/1945 im Lager Buchenwald angefertigten Bleistiftzeichnungen des Malers und Zeichners Boris Taslitzky von Bedeutung. 111 dieser Zeichnungen sind nach der Befreiung veröffentlicht worden, worunter sich zwei Blätter befinden, die Halbwachs darstellen; eines mit dem Titel *Maurice Halbwachs, auf seinen Verbandswechsel wartend* (TASLITZKY 1946/1978).[24] Jenseits des tragischen und sinnlosen Todes von Halbwachs ist aber nach dem wissenschaftlichen Vermächtnis zu fragen und den Erkenntnissen, die im Sinne einer Bilanz der Halbwachs'schen Arbeiten aller Voraussicht nach bleiben werden.

Was bleibt?

Bevor wir uns in einem abschließenden Kapitel mit der Rezeption der Werke Halbwachs' befassen, stellt sich an dieser Stelle die Frage, was – nunmehr retrospektiv betrachtet – das Denken und Schreiben von Maurice Halbwachs auszeichnet. Worin besteht seine Erneuerung soziologischer Theorie und Forschung? Worin liegen die Stärken und zentralen Erkennt-

24 Diese finden sich wiederabgedruckt in dem Band *Georges Canguilhem: Über Maurice Halbwachs* (2022), 121 u. 123.

nisse seiner Arbeiten begründet (MARCEL 2001; MONTIGNY 2004; WETZEL 2019)?

1. Übergreifend lässt sich ein besonderes *Verfahren* feststellen, auf das man in vielen Arbeiten von Halbwachs stößt. Walter Gierl (2005: 177) qualifiziert dieses methodische Vorgehen völlig zu Recht als »multipel«. Genauer gesagt besticht Halbwachs durch die »faszinierende Eigenart, Gegenstände aufeinander zu projizieren, indem er sie geschickt trennt, nicht erst im Blick auf die enorme Vielfalt seiner Interessen aufzuzeigen, nicht nur im Groben, auch im Feinen, im inneren Zirkel des Themenfeldes [...]« (ebd.: 176).
2. Immer wieder wird Halbwachs' *interdisziplinärer Blick* auf die sozialen Phänomene als zentrales Merkmal beschrieben. Nota bene: Die Soziologie steht für Halbwachs durchaus im Geiste Durkheims an der Spitze der Sozialwissenschaften; sie ist aber notwendigerweise auf die Erkenntnisse aus Geschichte, Psychologie, Ökonomie, Geografie etc. angewiesen. Insofern hat Halbwachs tatsächlich ein ›œuvre hybride‹ (vgl. MARCEL 2002) hinterlassen.
3. Mit den Arbeiten von Halbwachs (und von Simiand) bildet sich so etwas wie der Anspruch auf eine *empirisch gesättigte Theoriebildung* in der französischen Soziologie zu Beginn des 20. Jahrhunderts heraus. Dies macht Halbwachs – methodisch durchaus innovativ – zu einem der ersten empirischen Soziologen Frankreichs.
4. Im Hinblick auf das Wissenschaftsverständnis bleibt die Halbwachs'sche Abkehr vom Essentialismus und die Hinwendung zum Konstruktivismus bedeutsam. Die Vergangenheit und mit ihr die Erinnerung daran existiert nur als soziale Konstruktion. Insofern muss diese von der Wissenschaft unter Berücksichtigung ihrer jeweiligen sozialen Bezugsrahmen rekonstruiert werden. Das damit einhergehende Primat der Gegenwart gegenüber der Vergangenheit übernimmt Halbwachs aus der

Lebensphilosophie Bergsons (respektive von Nietzsche). Marcel (2001: 217) sieht hier zurecht einen latenten Widerspruch in den Werken von Halbwachs begründet, wenn dieser auf der einen Seite in seiner konzeptionellen Arbeit der Phänomenologie Bergsons folge; auf der anderen Seite aber strikt einer positivistischen (quantifizierenden) Methodik folge.

5. Halbwachs kann überzeugend zeigen, dass das Erinnerungsvermögen für die Gesellschaft und deren Gruppen eine zentrale Stellung einnimmt. Obwohl sich faktisch nur das einzelne Individuum erinnert, entstammen die Kategorien der Erinnerung nicht dem Individuum, sondern sind wesentlich sozial geformt, und damit wird es möglich, »den Einzelnen in seiner Gesellschaftlichkeit zu erkennen« (POLLAK 1978: 20). Erinnerungsprozesse werden als – immer wieder neu zu leistende – Rekonstruktionsarbeit sozialer Gruppen ausgewiesen; Gruppen, die ihrerseits Veränderungen über Zeit und Raum unterworfen sind. Halbwachs ersetzt den von Bergson inspirierten psychophysiologischen Reduktionismus durch eine psychosoziologische Sichtweise.
6. In gewisser Hinsicht hat Halbwachs mit seinen Arbeiten die *Lebensstilanalysen* und die Soziologie der Lebensführung – wie wir sie von Bourdieu u. a. kennen bereits vorweggenommen. Klassenbildungen und deren Ausprägungen, die in der zeitgenössischen Soziologie wieder mehr Aufmerksamkeit erhalten, haben bei Halbwachs immer etwas mit den Bedürfnissen, dem Geschmack und dem Verhältnis respektive der Gestaltung der Umwelt zu tun.

VIII. Wirkungen und Aktualität

Maurice Halbwachs ist unbestritten zum Klassiker der Soziologie und der Kulturwissenschaften geworden.[25] Trotz seiner weit gestreuten Arbeiten zu den Themenfeldern der Wirtschafts- und Stadtsoziologie, zu den sozialen Klassen und zur sozialen Morphologie ist er bislang dennoch vor allem als Soziologe des kollektiven Gedächtnisses bekannt geworden und in gewisser Hinsicht geblieben (AMIOT 1991: 267; SIMON 2008: 405f.). Dem entspricht, dass Halbwachs' Arbeiten einen enormen Einfluss auf gegenwärtige Studien bezüglich der Rolle des kollektiven Gedächtnisses (und des kollektiven Vergessens) sowohl im kontinuierlichen Verlauf als auch beim sozialen Wandel ausüben. Die Rezeption findet lange Zeit hauptsächlich jenseits der Soziologie, genauer in den Geschichts-, Literatur- und Kulturwissenschaften (Pierre Nora, Aleida und Jan Assmann) statt (vgl. NORA 1984ff.). In den USA werden die wissenssoziologischen Arbeiten von Halbwachs zum Gedächtnis dagegen erst spät rezipiert (vgl. dazu VROMEN 1975; COSER 1992: 2). Mittlerweile gibt es hier allerdings eine Reihe von Forschungen, die mehr oder weniger kritisch anschließen (RUSSEL 2006). Analytisch bedeutsam sind die Differenzierungen und Erweiterungen des kollektiven Gedächtnisses in ›kommunikatives‹ und ›kulturelles Gedächtnis‹ (J. Assmann) sowie Arbei-

25 Dass Halbwachs in der deutschen Soziologie weiterhin im Schatten von Durkheim und Mauss steht, belegt ein von Heike Delitz herausgegebener Band zu *Soziologischen Denkweisen aus Frankreich* (2022).

ten zum Begriff des ›sozialen‹ und des ›autobiografischen Gedächtnisses‹ (vgl. WELZER 2001).

Gedächtnis, Erinnerung und Vergessen

Zu den Themen Gedächtnis, Erinnerung und Vergessen sind die Arbeiten derartig vielfältig geworden, dass hier nur die wichtigsten Erweiterungen, Differenzierungen und Kritiken zur Sprache kommen können (vgl. dazu LEROUX/MARCEL 2021; OGINO 2015; DIMBATH/HEINLEIN 2015; ERLL 2005; PETHES/RUCHATZ 2001).[26] Aus genuin sozialpsychologischer Sicht betont Echterhoff (2005: 250), dass es Halbwachs zum einen gelungen sei, »die Vorstellung, dass Gruppenzugehörigkeit im Spiel der sozialen Einflüsse auf individuelle Erinnerungen eine eminente Rolle spielt« zu plausibilisieren. Zum anderen konnte Halbwachs zeigen, dass soziale und kommunikative Kontexte gerade deshalb einen solchen großen Einfluss auszuüben vermögen, »weil ihr Einfluss im Alltag nicht nachvollziehbar und bewusstseinsfähig ist« (ebd.: 263).

Dass es (mindestens) zwei Formen des kollektiven Gedächtnisses gibt, kann anhand der von Olick (1999) getroffenen Unterscheidung zwischen ›collected memory‹ und ›collective memory‹ plausibilisiert werden. Zur kollektiven Erinnerung (collective memory) zählt Olick

> »allein Kultur als Rahmen gesellschaftlicher Erinnerung, wie er in öffentlichen Praktiken, Symbolen und Objekten zum Ausdruck kommt. [...] Individuelle Erinnerung, die gesammelt und aggregiert wurde – sei es im Rahmen einer Oral-History-Befragung oder einer Repräsentativerhebung auf nationaler Ebene –, rechnet Olick dem Bereich collected memory zu, weil hier Kultur als Kategorie

26 Vgl. dazu die im Springer Verlag seit dem Jahr 2013 erscheinende und von Oliver Dimbath u. a. herausgegebene Reihe *Soziales Gedächtnis, Erinnern und Vergessen – Memory Studies.*

subjektiver Bedeutungszuschreibung fokussiert wird« (MOLLER 2010: 5).

In dem von Olick, Vinitzky-Seroussi und Levy herausgegebenen Sammelband *The Collective Memory Reader* (2011) ist die daraus entstandene Idee und die ab dem Jahr 2008 erscheinende Zeitschrift *Memory Studies* weiterentwickelt worden.

In den letzten Jahren ist die Konzeption des kollektiven Gedächtnis zwar nicht verschwunden, aber doch vermehrt als zu unspezifisch und breit kritisiert und dementsprechend in Frage gestellt worden (DENSCHLAG 2017; PETRY 2022). In ihren zahlreichen Arbeiten entwickeln Aleida und Jan Assmann seit den 1980er-Jahren eine *Theorie des kulturellen Gedächtnisses* (JAN ASSMANN 1988, 2007; ALEIDA ASSMANN 2001, 2006; LANGENOHL 2011). Dies geschieht im ebenso wohlwollenden wie auch kritischen Anschluss an die Arbeiten von Maurice Halbwachs. Was verstehen die Assmanns unter kulturellem Gedächtnis?

> »Unter dem Begriff des kulturellen Gedächtnisses fassen wir den jeder Gesellschaft und jeder Epoche eigentümlichen Bestand an Wiedergebrauchs-Texten, -Bildern und -Riten zusammen, in deren ›Pflege‹ sie ihr Selbstbild stabilisiert und vermittelt, ein kollektiv geteiltes Wissen vorzugsweise (aber nicht ausschließlich) über die Vergangenheit, auf das eine Gruppe ihr Bewußtsein von Einheit und Eigenart stützt« (ASSMANN 1988: 15).

Löst damit das kulturelle Gedächtnis das kollektive Gedächtnis und dadurch die Halbwachs'schen Einsichten ab? Nein, es kommt vielmehr zu einer Erweiterung, die drei Dimensionen umfasst, wie Jan Assmann selbst schreibt:

> »Von Halbwachs haben wir gelernt, das individuelle Gedächtnis als eine ›représentation collective‹ zu verstehen und in zwei Dimensionen, der neuro-psychischen und der psycho-sozialen Dimension zu denken. Diesen zweidimensionalen Gedächtnisbegriff will die Theorie des Kulturellen Gedächtnisses um die dritte Dimension des in symbolischen Formen – Texten, Bildern, Riten – objektivierten Langzeitgedächtnisses der Gesellschaft erweitern.« (ASSMANN 2005: 80).

Im Unterschied zu diesem so verstandenen kulturellen Gedächtnis, das wesentlich durch seine Alltagsferne gekennzeichnet ist, erscheint das durch seine Alltagsnähe zu fassende *kommunikative Gedächtnis* als ein Kurzzeitgedächtnis, das an den Menschen gebunden ist, sich durch Kommunikation verbreitet (ASSMANN 1988: 12) und »etwa 80 Jahre, also drei bis vier Generationen« (WELZER 2001: 13) umfasst. Harald Welzer (2002) greift die bereits von Aleida und Jan Assmann vollzogene Unterscheidung zwischen kulturellem und kommunikativem Gedächtnis auf. Diese beiden Gedächtnisformen gehen »vorwiegend intentional mit der Vergangenheit [um]; es geht hier um bewußte oder zumindest bewußtseinsfähige Praktiken der Kommunikation und Formung von Vergangenheit« (WELZER 2001: 15). Mit der Einführung des *sozialen Gedächtnisses* plädiert Welzer für eine differenzierende Erweiterung der Gedächtnisformen. Weit gefasst begreift er »das soziale Gedächtnis als die Gesamtheit der sozialen Erfahrungen der Mitglieder einer Wir-Gruppe« (2001: 15). In Anlehnung an Peter Burke fallen unter eine so gefasste ›Sozialgeschichte des Erinnerns‹ die Praxis der *mündlichen Tradition*, »der Bestand an *konventionellen historischen Dokumenten* wie Memoiren, Tagebücher etc. *gemalte oder fotografische Bilder, kollektive Gedenkrituale* sowie *geographische* und *soziale Räume*« (WELZER 2001: 15).

Für grundlegend hält Welzer allerdings vor allem eine stärkere Hinwendung der Forschung zu den unbewussten und nichtintentionalen Praktiken des sozialen Gedächtnisses, »denn in ihnen scheint am ehesten aufgehoben zu sein, was uns immer schon zu geschichtlichen Wesen macht, auch wenn wir intentional gerade mit ganz anderen Dingen beschäftigt sind, als Vergangenheit zu reflektieren oder zu verfertigen« (WELZER 2001: 18). Das soziale Gedächtnis kann als Generationengedächtnis verstanden werden.[27]

27 Neuere Entwicklungen zum autobiografischen Gedächtnis, das uns erlaubt, darüber zu befinden, wie und wo wir uns verändert haben, rekurrieren eher nicht mehr auf die Arbeiten von Halbwachs (MARKOWITSCH/WELZER 2005).

Nicht nur im Kontext des Generationengedächtnisses, das mit dem jeweiligen Wechsel der Generationen entscheidend über das Gedächtnis einer Gesellschaft mitbestimmt (A. ASSMANN 2002: 185) spielt das *Familiengedächtnis* bei Halbwachs und in neueren Forschungen eine prominente Rolle (RAPHAËL/HERBERICH-MARX 1997; MUXEL 1997, 2012; WETZEL 2022). Dabei wäre eine isolierte Betrachtung des Familiengedächtnisses wenig sinnvoll, vielmehr steht dieses in einem multikonstellativen Verhältnis zu anderen Gedächtnisformen (kollektives, kulturelles, kommunikatives und soziales Gedächtnis). Durch die Pluralisierung und Singularisierung postmoderner Lebensformen, auch und gerade in puncto Familiengestaltung, wird es interessant sein zu beobachten, ob und wie sich der Rahmen dieser familiären Erinnerungsgemeinschaft nachhaltig transformieren wird.

Der französische Historiker Pierre Nora, der mit seiner Idee der ›lieu de mémoire‹ (*Erinnerungsort*) bekannt wurde, schließt an Halbwachs' Arbeiten zum kollektiven Gedächtnis an. Nora verbindet mit einem Erinnerungsort die Vorstellung, dass sich das kollektive Gedächtnis einer sozialen Gruppe – für Nora in der Regel die französische Nation – an bestimmten Orten kristallisiert. Einem solchen Ort haftet eine besondere Symbolkraft an, die für die jeweilige Gruppe identitätsstiftende Funktion besitzt (NORA 2005). Er versteht darunter einen sowohl materiellen als auch immateriellen – und dabei Generationen überdauernden – Kristallisationspunkt kollektiver Erinnerung und Identität. Gekennzeichnet sei dieser Ort erstens durch einen Überschuss an symbolischer und emotionaler Dimension und zweitens sei er in gesellschaftliche, kulturelle und politische Üblichkeiten eingebunden. Er verändere sich in dem Maße, »in dem sich die Weise seiner Wahrnehmung, Aneignung, Anwendung und Übertragung verändert« (François in: NORA 2005: 9). Mittlerweile liegen Arbeiten zu den Erinnerungsorten in vielen europäischen Ländern vor, darunter drei Bände zu deutschen Erinnerungsorten (FRANÇOIS/SCHULZE 2001f.).

In der französischen Sozialphilosophie setzt sich Paul Ricœur (1913-2005) in mehreren Arbeiten mit den Gedächtnisstudien von Halbwachs auseinander (RICŒUR 1998, 2004). Ricœur plausibilisiert eine »Phänomenologie der gleichzeitigen, wechselseitigen und überkreuzten Konstitution von individuellem und kollektivem Gedächtnis« (RICŒUR 2004: 84). Darüber hinausgehend entwirft er einen Ansatz, dem es – was bereits Halbwachs in seinem Werk *Mémoire collective* (1950) umkreist – um eine Vermittlung zwischen kollektivem Gedächtnis und Geschichte geht. Als dritter Begriff nimmt das Vergessen eine wichtige Position in Ricœurs Arbeiten ein. Paradoxerweise ermöglicht gerade das Vergessen erst die Erinnerung, was Heidegger, den Ricœur (2003: 43) zitiert, wie folgt gefasst hat:

> »Wie die Erwartung erst auf dem Grunde des Gewärtigens möglich ist, so die Erinnerung auf dem Grunde des Vergessens und nicht umgekehrt; denn im Modus der Vergessenheit erschließt die Gewesenheit primär den Horizont, in den hinein [...] das Dasein sich erinnern kann«.

In den letzten Jahren hat sich auch die (wissens-)soziologische Forschung stärker mit dem Vergessen (Oblivionismus) beschäftigt (DIMBATH 2014; WETZEL 2011). In Deutschland hat sich der Gießener Sonderforschungsbereich 434 Erinnerungskulturen (1997-2008) der Erforschung der Inhalte und Formen kultureller Erinnerungen in ihrer Pluralität, Konstruktivität und Dynamik aus interdisziplinärer Perspektive gewidmet. Sein Anliegen ist es, Formen und Funktionen des Erinnerns von der Antike bis ins 21. Jahrhundert zu analysieren und so das Bewusstsein für die Historizität erinnerungskultureller Konstellationen zu schärfen. Das Konzept der *Erinnerungskulturen* unterstreicht die Vielfalt eines durch Konkurrenzen geprägten Erinnerungsgeschehens. Es versteht die Dynamik des Erinnerungsgeschehens als Resultat der Pluralität von gleichzeitigen Erinnerungsfeldern, die um gesellschaftliche Deutungshoheit konkurrieren. Entscheidend sind in diesem Zusammenhang nicht nur kulturelle Machtverhältnisse, die selbst wiederum durch Erinnerung stabilisiert werden, sondern auch kommunikationsgeschichtliche Ausgangslagen. Jedem kulturellen Erinnerungsprozess ist eine historisch bedingte Medienselektion vorgängig, die weitreichende Konsequenzen für Möglichkeiten und Grenzen des Erinnerns mit sich bringt (ERLL 2005).

In den letzten Jahren hat sich die soziologisch-interdisziplinäre Gedächtnisforschung, durchaus immer wieder mit (kritischem) Bezug auf die Arbeiten von Halbwachs, weiter ausdifferenziert und sich vermehrt mit Fragen nach dem Zusammenhang zwischen Gedächtnis, Gesellschaft und Konflikten auseinandergesetzt, nicht zuletzt, um die ethisch-politische Dimension stärker in den Fokus zu rücken (SHMELAR 2020; WETZEL 2023). Zu erwähnen sind auch die Arbeiten zum europäischen und transkollektiven Gedächtnis (FRANÇOIS 2011; SEBALD 2018; MARSCHELKE 2019) sowie zu dem Zusammenhang zwischen Migration, Krieg, Flucht und Vertreibung (CREET/KITZMANN 2011; BORCSA/WETZEL 2023).

Wirtschafts- und Arbeitssoziologie

Neben einer sehr breiten und intensiven Rezeption in den Kultur- und Sozialwissenschaften, die sich vor allem produktiv auf die Gedächtnisforschung bezieht, entstehen – bislang hauptsächlich in Frankreich – immer wieder Arbeiten, die auch Felder wie die Arbeits- und Wirtschaftssoziologie umfassen (z.B. MONTLIBERT 1997). In Deutschland werden die diesbezüglichen Arbeiten von Halbwachs erst allmählich bekannter.[28] Mit der – im Verbund mit Simiand geäußerten – Kritik am starren Konzept des *homo oeconomicus* und an den weitgehend von Empirie freien Wirtschaftswissenschaften (unterstützt durch

28 Es ist das Verdienst der Halbwachs-Reihe im UVK-Verlag, dem deutschsprachigen Publikum wichtige Arbeiten jenseits der Gedächtnisstudien zugänglich gemacht zu haben (WETZEL 2004).

einen Siegeszug der neoklassischen Theorie), tritt Halbwachs für eine *soziologische Ökonomie* ein (LEBARON 2001; MONTIGNY 1999; PFEFFERKORN 1996). Unter Verwendung von Statistiken, empirischen Arbeiten und interdisziplinären Erkenntnissen können so zumindest die Konturen einer anderen (wissenssoziologischen) *Wirtschaftssoziologie* verdeutlicht werden (STEINER 2003). Wenig erscheint gegenwärtig dringlicher als die Neufassung des ökonomischen Menschen und dessen Einbettung in die kapitalistische Wirtschaftsordnung, was die Bemühungen der neueren Wirtschaftssoziologie belegen (NEE/SWEDBERG 2005). Auch in der Arbeitssoziologie finden die Arbeiten Halbwachs' Resonanz (AMIOT 1991).

Stadt, Klasse und Sozialstruktur/soziale Morphologie

Die Stadtsoziologie in Frankreich greift seit einiger Zeit auf die Arbeiten von Halbwachs zurück (TOPALOV 1997a, 1997b; MONTIGNY 1992, 2021). Thematisiert wird in diesem Zusammenhang die Doppelrolle von Halbwachs als Wissenschaftler einerseits und als engagierter Sozialist andererseits. Verbindungen zu den Gedächtnisstudien werden gezogen, beispielsweise beim Konzept der ›ville-mémoire‹: Halbwachs begreift die Stadt als einen dynamischen und in ständiger Transformation begriffenen Raum, dessen Bewohner paradoxerweise diesen Raum als stabil wahrnehmen und zudem ihre Gruppengedächtnisse darin verwurzeln (MAZZELLA 1997: 177).

Fragen der Klassen und der Klassifizierung spielen in der Rezeption eine gewichtige Rolle (MARCEL 2002). In diesem Zusammenhang ist die Neuveröffentlichung von Vorlesungen zum Thema der sozialen Klassen *Les classes sociales* (HALBWACHS 2008) positiv hervorzuheben. Seit einigen Jahren kehrt der Klassenbegriff in die (deutschen) soziologischen Analysen wieder stärker zurück, nachdem er von Schicht- und Milieuanalysen nahezu verdrängt worden war.

Am Ende dieser Arbeit kann eine beträchtliche und weiter anwachsende Halbwachs-Rezeption festgehalten werden, auch zeichnet sich eine gewisse Renaissance bei Fragen jenseits des kollektiven Gedächtnisses ab (LEROUX/MARCEL 2021). Neuere Forschungen zu Halbwachs und Übersetzungen ins Deutsche (und Englische) zeigen vermehrt, dass das Potenzial einer von Halbwachs intendierten ›Wissenschaft vom Menschen‹ weit über die kulturwissenschaftliche Rezeption (und teilweise deren Vereinnahmung) des Gedächtnisses und der Erinnerung hinausreicht (EGGER 2003; WETZEL 2004; ASSMANN 2005) und auch insbesondere für die (Wissens-)Soziologie fruchtbar gemacht werden kann.

Fazit

Neben dem auch einem deutschsprachigen Publikum, vor allem in den sozialwissenschaftlichen Disziplinen mittlerweile bekannter gewordenen Marcel Mauss (vgl. MOEBIUS 2022), und den im deutschsprachigen Raum immer noch so gut wie unbekannten Robert Hertz und François Simiand erweist sich Maurice Halbwachs als würdiger Erbe und kritischer Fortsetzer des großen soziologischen Lehrmeisters Émile Durkheim. Dass sich dabei auch immer die bei Henri Bergson genossene philosophische Ausbildung in seinen eigenen Arbeiten niederschlägt, kann und will Halbwachs gar nicht verbergen. Zwischen Philosophie und Soziologie, und ebenso zwischen Soziologie und Psychologie geht Halbwachs seinen eigenen, oft auch interdisziplinär orientierten Weg. Wie nicht zuletzt Pierre Bourdieu in seiner Hommage (2003) bereits vor einiger Zeit betont hat, hat es Halbwachs absolut verdient, *wieder*- beziehungsweise *neu* entdeckt zu werden, denn er ist ein »Soziologe unserer Zeit« (BAUDELOT/ESTABLET 1994: 121). Wie erklärt sich, so soll abschließend gefragt werden, sein Schattendasein – zumindest außerhalb der Gedächtnisforschung – über viele Jahrzehnte hinweg? Zumindest der Versuch einer differenzierten Antwort kann hier unternommen werden: (1) Im Unterschied zu anderen namhaften Soziologen hat Halbwachs nur zwei Doktorarbeiten zu Ende betreut, auch hat er – im Gegensatz zu Mauss – keine wirklichen Schüler gehabt, was in gewisser Weise seine verspätete Rezeption in vielen institutionellen Zusammenhängen zumindest teilweise erklärt (MONTIGNY 2005: 80). (2) Aus historischer Sicht haben die zwei Weltkriege zur Unterbrechung und Beeinträchtigung des Arbeitens vieler Wissenschaftler geführt: Halbwachs war davon nicht nur als Forscher und Lehrer betroffen, sondern auch privat, ganz konkret durch den gewaltsamen Tod ihm nahestehender Menschen und letztlich auch durch sein eigenes tragisches Sterben in Buchenwald. (3) Nicht zuletzt haben mutmaßlich auch Halbwachs' fehlendes Charisma und sein angeblich zu bescheidenes Auftreten eine schnellere und breite Rezeption nicht unbedingt gefördert. Und dennoch sind einige französische Sozialwissenschaftler stark – wenn auch mit einiger Verzögerung – von Halbwachs beeinflusst worden (MONTLIBERT 1997).

Halbwachs hat vor allem die Gedächtnisforschung soziologisch fundiert und zu weiteren Differenzierungen angeregt. In den letzten zwanzig Jahren entwickelte sich die (interdisziplinäre) Gedächtnisforschung ebenso weiter wie die soziologische Theorie und selbstverständlich auch die Verfahren der empirischen Sozialforschung. Halbwachs ist selbstredend, wie könnte es anders sein, ein Kind seiner Zeit, genauer seines wissenschaftlichen und intellektuellen Milieus.[29] Allerdings sind

29 Aleida und Jan Assmann thematisieren in ihren Arbeiten zu Recht das Fehlen einer Konzeption des Konflikts in der Gedächtnissoziologie von Halbwachs. Prinzipiell fördert das kollektive Gedächtnis die Kohäsion und Übereinstimmung einer Gruppe. Eine solche kohäsive Funktion wird aber notwendigerweise von Prozessen der Ausschließung und Abgrenzung gegenüber anderen Gruppen begleitet. Jede Konstitution von Identität impliziert gleichzeitig das Erzeugen von Alterität (ASSMANN/ASSMANN 1990: 27). Halbwachs thematisiert nicht explizit die Kehrseite der Kohäsion, die sich im Erzeugen von Alterität und Konflikt äußert. Damit »können weder konflikthafte Erinnerungen innerhalb von Gruppen oder auch zwischen verschiedenen Gruppen noch Konflikte, die sich aus unterschiedlichen Erinnerungen ergeben« (QUINDEAU 2004: 105), plausibilisiert werden.

es – was im Rahmen dieser Einführung gezeigt wurde – nicht die schlechtesten Bedingungen, in denen Halbwachs seine interdisziplinären Anregungen erfährt. Halbwachs' Beitrag zum Erfolg und zu einer gewissen Renaissance der Durkheim-Schule über die Grenzen der französischen Soziologie hinaus darf als beträchtlich bezeichnet werden (DELITZ 2013: 211f.). Und insofern reizen seine Arbeiten zu mehr als zur reinen Konservierung und Pflege eines soziologischen Klassikers. Halbwachs ist und bleibt der Begründer und Wegbereiter des kollektiven Gedächtnisses – dass er das ist, aber zugleich vieles mehr für den sozial- und geisteswissenschaftlichen Diskurs, sollte mit dieser Einführung deutlich gemacht werden.

IX. Literatur[1]

Primärliteratur: Bücher von Maurice Halbwachs

– (1906): *Leibniz.* Paris: Paul Delaplane
– (1909): *Les expropriations et le prix des terrains à Paris 1860-1900.* Paris: E. Cornély
– (1912): *La théorie de l'homme moyen. Essai sur Quételet et la statistique morale.* Paris: Félix Alcan
– (1925a): *Les cadres sociaux de la mémoire.* Paris: Félix Alcan [Neuaufl. 1994 in der Bibliothèque de l'Évolution de l'Humanité mit einem Nachwort von Gérard Namer, Paris: Albin Michel]
– (1925b): *Les origines du sentiment religieux.* Paris: Stock
– (1930), *Les causes du suicide. Avant-propos de Marcel Mauss.* Paris: Félix Alcan
– (1933): *L'Évolution des besoins dans les classes ouvrières.* Paris: Félix Alcan
– (1938): *Morphologie sociale.* Paris: Armand Colin
– (1941): *La topographie légendaire des Évangiles en Terre Sainte. Étude de mémoire collective.* Paris: PUF
– (1950): *La mémoire collective*, Paris: PUF [Neuaufl. 1997 in der Bibliothèque de l'Évolution de l'Humanité. Édition Critique établie par Gérard Namer, Paris: Albin Michel]
– (1955): *Esquisse d'une psychologie des classes sociales.* Paris: Marcel Rivière

1 Eine ausführliche Bibliografie der Werke von Halbwachs findet sich in dem von Victor Karady herausgegebenen Band: HALBWACHS (1972), 411-444.

– (1967): *Das kollektive Gedächtnis.* Stuttgart: Enke [Übers. von H. Loehst-Offermann][Orig.: *La mémoire collective.* Paris: Albin Michel, 1950]
– (1970): *La classe ouvrière et les niveaux des vies. Recherches sur la hiérarchie des besoins dans les sociétés industrielles contemporaines.* 2. Aufl., Paris, London: Gordon & Breach [Orig.: Paris: Félix Alcan, 1913)
– (1972): *Classes sociales et morphologie. Présentation de Victor Karady.* Paris: Les Editions de Minuit
– (1985): *Das Gedächtnis und seine sozialen Bedingungen.* Frankfurt/M.: Suhrkamp [Übers. von L. Geldsetzer] [Orig.: *Les cadres sociaux de la mémoire.* Paris: Félix Alcan 1925]
Maurice Halbwachs in der édition discours, hrsg. von Stephan Egger und Franz Schultheis, Konstanz: UVK
Band. 1: (2001a): *Entwurf einer Psychologie sozialer Klassen. Über die gesellschaftlichen Antriebe des Menschen*
Band. 2: (2001b): *Klassen und Lebensweisen. Ausgewählte Schriften*
Band. 3: (2001c): *Kollektive Psychologie. Ausgewählte Schriften*
Band. 4: (2002): *Soziale Morphologie. Ausgewählte Schriften* [Übers. von Stephan Egger, Orig.: 1938]
Band. 5 (2001d): *Theorie und Methode. Ausgewählte Schriften*
Band. 6 (2003): *Stätten der Verkündigung im Heiligen Land. Eine Studie zum kollektiven Gedächtnis* [Übers. von Stephan Egger, Orig. 1941]
– (2008a): *La topographie légendaire des* évangiles *en Terre sainte.* Étude de *mémoire collective.* Édition préparée par Marie Jaisson. Paris: PUF [1941]
– (2008b): *Les classes sociales.* Édition *Critique* établie *par Gilles Montigny. Préface de Christian Baudelot.* Paris: PUF

Aufsätze, Rezensionen und Vorträge von Maurice Halbwachs

– (1905a): Les besoins et les tendances dans l'économie sociale. In: *Revue philosophique de la France et de l'étranger,* 59, S. 180 - 189

– (1905b): Remarques sur la position du problème sociologique des classes. In: *Revue de métaphysique et de morale*, 13, S. 890-905
– (1918): La doctrine d'Émile Durkheim. In: *Revue philosophique de la France et de l'étranger*, 85, S. 353-411
– (1920): Matière et société. In: *Revue philosophique de la France et de l'étranger*, 90, S. 82-122
– (1921): Sociologie religieuse. In: *Revue d'histoire et de littérature religieuse*, VII, S. 133-135
– (1926): Beitrag zu einer soziologischen Theorie der Arbeiterklasse. In: *Jahrbuch für Soziologie*, 2, S. 366-385
– (1928): La psychologie collective d'après Charles Blondel. In: *Revue philosophique de la France et de l'étranger*, 107, S. 444-456
– (1929): Max Weber: un homme, une œuvre. In: *Annales d'histoire économique et sociale*, 1, S. 81-88
– (1932a): Chicago, expérience ethnique. In: *Annales d'histoire économique et sociale*, 4, S. 11-49
– (1932b): La sociologie en Allemagne et aux États-Unis (comptes rendus de Oppenheimer F., Richtungen der neueren deutschen Soziologie; Abel Th., Systematic Sociology in Germany. A Critical Analysis of Some Attempts to Establish Sociology as Independent Science; Rice S.-A., Methods in Social Sciences). In: *Annales d'histoire économique et sociale*, 4, S. 80-81
– (1934): La loi en sociologie, *Science et loi, Cinquième semaine du Centre international de Synthèse*. Paris: Félix Alcan, S. 173-196 [Vortrag bei der *Cinquième semaine du Centre international de Synthèse* in Paris, 1933]
– (1936): La méthodologie de François Simiand. Un empirisme rationaliste. In: *Revue philosophique de la France et de l'étranger*, 121, S. 281-319
– (1936): Halbwachs, Maurice und Alfred Sauvy, L'espèce humaine: le point de vue du nombre. In: *L'Encyclopédie française, Tome* VII. Paris: Larousse, 8, S. 6-16
– (1937): Le point de vue du sociologue. In: *X crise Bulletin*, 34, S. 23-30 [Vortrag am *Centre polytechnicien d'études économiques*, Paris]

– (1938): La psychologie collective du raisonnement. In: *Zeitschrift für Sozialforschung*, 7, S. 357-374
– (1939a): Les caractéristiques des classes moyennes. In: *Inventaires III. Les Classes moyennes.* Paris: Félix Alcan, S. 28-52
– (1939b): Individual Consciousness and Collective Mind. In: *American Journal of Sociology*, 44, S. 812-822
– (1947): L'expression des émotions et la société. In: *Echanges sociologiques I*, Paris, Centre de documentation universitaire, S. 3-5
– (1981): Une expulsion. In: KRAPOTH, HERMANN; DENIS LABORDE (Hrsg.): *Erinnerung und Gesellschaft. Mémoire et Société. Jahrbuch für Soziologiegeschichte.* Wiesbaden, VS-Verlag, S. 42-54
– (1999): Ma campagne au Collège de France. In: *Revue d'histoire des sciences humaines*, 1, S. 189-229
– (2020): Das kollektive Gedächtnis in der Gruppe der Musiker. In: JOST, CHRISTOFER; GERD SEBALD (Hrsg.): *Musik – Kultur – Gedächtnis. Theoretische und analytische Annäherungen an ein Forschungsfeld zwischen den Disziplinen.* Wiesbaden: Springer VS, S. 27-57

Auswahlbibliografie und Sekundärliteratur

ALEXANDRE, JEANNE (1949), Maurice Halbwachs, *L'Année sociologique*, 3e série, 1, 1940-1948, Paris: PUF, S. 3-10
AMIOT, MICHEL (1986), Maurice Halbwachs: l'invention de la sociologie urbaine contre la primauté de l'économie, de l'histoire, de la politique. In: *Contre l'État les sociologues.* Éléments *pour une histoire de la sociologie urbaine en France (1900-1980)*, Paris: EHESS, S. 13-33
AMIOT, MICHEL (1991): Le système de pensée de Maurice Halbwachs. In: *Revue de synthèse*, 4e série, 112, S. 265-288
ASSMANN, ALEIDA (2001): Wie wahr sind Erinnerungen? In: WELZER, HARALD (Hrsg.): *Das soziale Gedächtnis. Geschichte, Erinnerung, Tradierung.* Hamburg: Hamburger Edition, S. 103-122

ASSMANN, ALEIDA (2006): *Erinnerungsräume. Formen und Wandlungen des kulturellen Gedächtnisses*. 3. Aufl. München: Beck [1999]

ASSMANN, JAN (1988), Kollektives Gedächtnis und kulturelle Identität. In: ASSMANN, JAN; TONIO HÖLSCHER (Hrsg.): *Kultur und Gedächtnis*, Frankfurt/M.: Suhrkamp, S. 9-19

ASSMANN, JAN (2001): Halbwachs, Maurice. In: PETHES, NICOLAS; J. RUCHATZ (Hrsg.): *Gedächtnis und Erinnerung*. Reinbek b. Hambureg: Rowohlt, S. 247-249

ASSMANN, JAN (2002): Nachwort. In: ESPOSITO, ELENA (Hrsg.): *Soziales Vergessen. Formen und Medien des Gedächtnisses der Gesellschaft*. Frankfurt/M.: Suhrkamp, S. 400-414

ASSMANN, JAN (2005): Das kollektive Gedächtnis zwischen Körper und Schrift. Zur Gedächtnistheorie von Maurice Halbwachs. In: KRAPOTH, HERMANN; DENIS LABORDE (Hrsg.): *Erinnerung und Gesellschaft. Mémoire et Société. Hommage à Maurice Halbwachs, Jahrbuch für Soziologiegeschichte*. Wiesbaden: VS-Verlag, S. 65-83

ASSMANN, JAN (2007): *Das kulturelle Gedächtnis. Schrift, Erinnerung und politische Identität in frühen Hochkulturen*. 6. Aufl. München: Beck [1992]

ASSMANN, JAN; ALEIDA ASSMANN (1990): *Kultur und Konflikt. Aspekte einer Theorie des unkommunikativen Handelns*. Frankfurt/M.: Suhrkamp

BASTIDE, ROGER (1970): Mémoire collective et sociologie de bricolage. In: *L'Année sociologique*, 3e série, S. 65-108

BAUDELOT, CHRISTIAN; ROGER ESTABLET (1994): *Maurice Halbwachs. Consommation et société*. Paris: PUF

BECKER, ANNETTE (2003): *Maurice Halbwachs. Un intellectuel en guerres mondiales 1914-1945*. Paris: Agnès Viénot

BECKER, HOWARD (1946): Maurice Halbwachs (1877-1945). In: *American Sociological Review*, 11, S. 233-235 [Nachruf auf Maurice Halbwachs]

BENJAMIN, WALTER (2002): Gedächtnis und Erinnerung. In: BENJAMIN, WALTER: *Medienästhetische Schriften*. Frankfurt/M.: Suhrkamp, S. 22-23 [Auswahl und Nachwort von Detlev Schöttker (Hrsg.)]

BERGSON, HENRI (1991): *Materie und Gedächtnis. Eine Abhandlung über die Beziehung zwischen Körper und Geist*. Hamburg: Felix Meiner Verlag [Orig.: *Matière et mémoire. Essais sur la relation du corps* à l'esprit, Paris: Félix Alcan, 1896]

BESNARD, PHILIPPE (Hrsg.; 1979): Les Durkheimiens. In: *Revue française de sociologie*, S. 20-1

BESNARD, PHILIPPE (1981): Die Bildung des Mitarbeiterstabs der Année sociologique. In: LEPENIES, WOLF (Hrsg.): *Band 2*, S. 263-302

BESNARD, PHILIPPE (Hrsg.; 1983a): *The Sociological Domain*. The Durkheimians and the Foundation of French Sociology. Cambridge, Paris: Cambridge University Press

BESNARD, PHILIPPE (1983b): Le destin de l'anomie dans la sociologie du suicide. In: *Revue française de sociologie,* 24 (4), S. 605-629

BLOCH, MARC (1925), Mémoire collective, tradition et coutume. À propos d'un livre récent. In: *Revue de synthèse,* 40, S. 73-83

BLONDEL, CHARLES (1926): Compte rendu de M. Halbwachs. Les cadres sociaux de la mémoire. In: *Revue philosophique de la France et de l'étranger,* 101, S. 290-298

BLONDEL, CHARLES (1948): *Einführung in die Kollektivpsychologie*. Bern: A. Francke [Orig.: *Introduction à la psychologie collective*. Paris: Armand Colin, 1928]

BORCSA, MARIA; DIETMAR J. WETZEL (2023), Transmission familiale entre ambivalence et résilience: le travail intergénérationnel de mémoire après une migration forcée. In: DAURE, IVY et al. (Hrsg.): *Un triptyque sur la migration*. Paris: esf sciences humaines, 105114

BOURDIEU, PIERRE (2003): Die Ermordung von Maurice Halbwachs. In: EGGER, STEPHAN (Hrsg.): *Maurice Halbwachs – Aspekte des Werks.* Maurice Halbwachs in der édition discours, Band 7. Konstanz: UVK, S. 229-234

BOURDIEU, PIERRE; LOÏC WACQUANT (1992): *Reflexive Anthropologie*. Frankfurt/M.: Suhrkamp

BRIAN, ÉRIC (2008): Portée du lexique halbwachsien de la mémoire. In: JAISSON, MARIE (Hrsg.): *Halbwachs, Maurice. La topographie légendaire des évangiles en Terre sainte*. Paris: PUF, S. 113 - 146

BURKE, PETER (1993): Geschichte als soziales Gedächtnis. In: ASSMANN, ALEIDA; DIETRICH HARTH (Hrsg.): *Mnemosyne. Formen und Funktionen der kulturellen Erinnerung*. Frankfurt/M.: Fischer Verlag, S. 289 - 304

BURKE, PETER (2004): *Die Geschichte der »Annales«. Die Entstehung der neuen Geschichtsschreibung*. Berlin: Wagenbach

BUTLER, SAMUEL (1888): *Unconscious Memory*. London: Trübner & Co.

CANGUILHEM, GEORGES (1947): Maurice Halbwachs, l'homme et l'œuvré. In: *Mémorial des années 1939 - 1945*. Paris: Les Belles Lettres, Publications de la faculté des lettres de Strasbourg, fascicule 103, S. 223 - 241

CANGUILHEM, GEORGES (2022): *Über Maurice Halbwachs*. Hrsg. von Henning Schmidgen, übersetzt von Roland Vouillé, Berlin: August

CHARLE, CHRISTOPHE (1986): Halbwachs (Louis, Maurice). In: CHARLE, CHRISTOPHE: *Les professeurs de la faculté des lettres de Paris. Dictionnaire biographique des universitaires aux XIXe et XXe siècle. Tome 2. 1909 - 1939*. Paris: Institute national de recherche pédagogique, CNRS, S. 99 - 101

CLARK, TERRY N. (1973): *Prophets and Patrons. The French University and the Emergence of the Social Sciences*. Cambridge (Mass.): Harvard University Press

COMTE, AUGUSTE (1974): *Die Soziologie. Die positive Philosophie im Auszug* (»Cours de philosophie positive«). Stuttgart: Kröner

COSER, LEWIS A. (1992a): Introduction: Maurice Halbwachs 1877 - 1945. In: HALBWACHS, MAURICE: *On collective memory*. Hrsg. von L. A. Coser, Chicago (Ill.), London: University Press of Chicago, S. 1 - 34

COSER, LEWIS A. (1992b): The Revival of the Sociology of Culture: The Case of Collective Memory. In: *Sociological Forum, 7* (2), S. 365 - 373

CRAIG, JOHN E. (1981): Die Durkheim-Schule und die »Annales«. In: LEPENIES, WOLF (Hrsg.): Band 3, S. 298 - 322

CRAIG, JOHN E. (1979): Maurice Halbwachs à Strasbourg. In: *Revue française de sociologie*, 20 (1), S. 273-292

CRAIG, JOHN E. (1983): Sociology and Related Disciplines Between the Wars: Maurice Halbwachs and the Imperialism of the Durkheimians. In: BESNARD, PHILIPPE (Hrsg.): *The sociological domain. The Durkheimians and the Foundation of French Sociology.* Cambridge, Paris: Cambridge University Press, S. 263-289

CREET, JULIA; ANDREAS KITZMANN (2011): *Memory and Migration*. Toronto: University of Toronto Press

DELEUZE, GILLES (1989): *Henri Bergson zur Einführung*, Hamburg: Edition. SOAK im Junius-Verlag [Übers. v. Martin Weinmann, Orig.: *Le bergsonisme.* Paris: PUF, 1966]

DELITZ, HEIKE (2013): *Émile Durkheim zur Einführung*. Hamburg: Junius

DELITZ, HEIKE (Hrsg.; 2022): *Soziologische Denkweisen aus Frankreich*. Wiesbaden: Springer VS

DIMBATH, OLIVER; MICHAEL HEINLEIN (2015): *Gedächtnissoziologie*. Stuttgart: UTB

DENSCHLAG, FELIX (2017): *Vergangenheitsverhältnisse. Ein Korrektiv zum Paradigma des »kollektiven Gedächtnisses« mittels Walter Benjamins Erfahrungstheorie*, Bielefeld: transcript

DOSSMANN, AXEL (2002), Vereint in der Differenz. Zur Ausstellung ›Leben – Terror – Geist. KZ Buchenwald: Porträts von Künstlern und Intellektuellen‹. In: ECHTERHOFF, GERALD; MARTIN SAAR (Hrsg.): *Kontexte und Kulturen des Erinnerns: Maurice Halbwachs und das Paradigma des kollektiven Gedächtnisses.* Konstanz: UVK, S. 181-200

DOUGLAS, MARY (1980): Introduction: Maurice Halbwachs (1877-1945). In: HALBWACHS, MAURICE: *The Collective Memory.* Hrsg. von Mary Douglas, New York u.a.: Harper & Row, S. 1-21 [Orig.: HALBWACHS, MAURICE: *La mémoire collective.* Paris: PUF 1950]

DURKHEIM, ÉMILE (1983): *Der Selbstmord*. Frankfurt/M.: Suhrkamp [Orig.: *Le suicide: Étude de sociologie,* Paris: Félix Alcan, 1897]

ECHTERHOFF, GERALD (2002): Die Rahmen von Erinnerungen: Das gedächtnistheoretische Werk von Maurice Halbwachs aus kognitions- und sozialpsychologischer Sicht. In: ECHTERHOFF, GERALD; MARTIN SAAR (Hrsg.): *Kontexte und Kulturen des Erinnerns: Maurice Halbwachs und das Paradigma des kollektiven Gedächtnisses*. Konstanz: UVK, S. 247-271

ECHTERHOFF, GERALD; MARTIN SAAR (Hrsg.; 2002): *Kontexte und Kulturen des Erinnerns. Maurice Halbwachs und das Paradigma des kollektiven Gedächtnisses*. Konstanz: UVK

EGGER, STEPHAN (2002): Soziale Form und praktischer Sinn. Zu einer Morphologie des kollektiven Menschen bei Maurice Halbwachs. In: HALBWACHS, MAURICE: *Soziale Morphologie. Ausgewählte Schriften*. Maurice Halbwachs in der édition discours, Band 4, Konstanz: UVK, 92–127

EGGER, STEPHAN (Hrsg.; 2003), *Maurice Halbwachs – Aspekte des Werks*. Maurice Halbwachs in der édition discours, Band 7, Konstanz: UVK

EGGER, STEPHAN (2004): Rezension zu: Annette Becker (2003), *Maurice Halbwachs. Un intellectuel en guerre mondiales 1914-1945*. Paris: Agnès Viénot. In: *H-Soz-u-Kult*, http://hsozkult.geschichte.hu-berlin.de/rezensionen/2004-2-211 [29.06.2004]

ENGELL, LORENZ (2001): Bergson, Henri. In: PETHES, NICOLAS; JENS RUCHATZ (Hrsg.): *Gedächtnis und Erinnerung*. Reinbek b. Hamburg: Rowohlt: S. 78-80

ERLL, ASTRID (2005): *Kollektives Gedächtnis und Erinnerungskulturen*. Stuttgart, Weimar: J. B. Metzler

ESPOSITO, ELENA (2002): *Soziales Vergessen. Formen und Medien des Gedächtnisses der Gesellschaft*. Frankfurt/M.: Suhrkamp

FOUCAULT, MICHEL (2005): *Die Heterotopien. Der utopische Körper*. Frankfurt/M.: Suhrkamp

FOURNIER, MARCEL (1994): *Marcel Mauss*. Paris: Fayard

FRANÇOIS, ETIENNE (2011): Europa als Erinnerungsgemeinschaft? Anmerkungen zur Frage nach einem europäischen Gedächtnis. In: SCHLICHTING, FRANZ-JOSEF et al. (Hrsg.): *Arbeit am europäischen Gedächtnis Diktaturerfahrung und Demokratieentwicklung*. Wien: Böhlau, S. 13-23

FRANÇOIS, ETIENNE; HAGEN SCHULZE (Hrsg.; 2001): *Deutsche Erinnerungsorte*. 3 Bände, München: Beck

FREUD, SIGMUND (1989): *Die Traumdeutung*. Frankfurt/M.: S. Fischer [1900]

FRIEDMANN, GEORGES (1978): *Maurice Halbwachs 1877-1977.* In: *KZfSS,* 20, S. 200-205 [Gedenkschrift anlässlich des 100. Geburtstages von Maurice Halbwachs]

GEIGER, ROBERT L. (1981): Die Institutionalisierung soziologischer Paradigmen: Drei Beispiele aus der Frühzeit der französischen Soziologie. In: LEPENIES, WOLF (Hrsg.): *Band 2,* S. 137-156

GIERL, WALTER (2005), Wie Maurice Halbwachs unsere Erinnerungsformen einkreist. In: KRAPOTH, HERMANN; DENIS LABORDE (Hrsg.): *Erinnerung und Gesellschaft*. Wiesbaden: VS-Verlag, S. 153-218

GOFFMAN, ERVING (1977): *Rahmen-Analyse: ein Versuch* über *die Organisation von Alltagserfahrungen*. Frankfurt/M.: Suhrkamp [Orig.: *Frame Analysis. An Essay on the Organization of Experience*. New York u. a.: Harper & Row, 1974]

GRESLE, FRANÇOIS (1989): Conscience sociale, représentations et mémoire collective chez Maurice Halbwachs, *Mentalités et représentations politiques. Aspects de la recherche*. Roubaix: EDIRES, S. 9-20

GUGLER, JOSEF (1961): *Die neuere französische Soziologie. Ansätze zu einer Standortbestimmung der Soziologie*. Neuwied, Berlin: Luchterhand

GUTH, SUZIE; ROLAND PFEFFERKORN (Hrsg.; 2019): *Strasbourg, creuset des sociologies allemandes et françaises. Max Weber, Georg Simmel, Maurice Halbwachs, Georges Gurvitch...* Paris: L'Harmattan

HAHN, ALOIS (2010): *Körper und Gedächtnis*. Wiesbaden: VS Verlag

HARTH, DIETRICH (1991): *Die Erfindung des Gedächtnisses.* Texte, zusammengestellt und eingeleitet von D. Harth. Frankfurt/M.: Keip

HAVERKAMP, ANSELM; RENATE LACHMANN (Hrsg.; 1993): *Memoria – Vergessen und Erinnern*. München: Fink

HEILBRON, JOHAN (1985): Les métamorphoses du durkheimisme, 1920-1940. In: *Revue française de sociologie,* 26 (2), S. 203-237

HEINZ, RUDOLF (1969): Maurice Halbwachs' Gedächtnisbegriff. In: *Zeitschrift für philosophische Forschung,* 23, S. 73-85

HERVIEU-LÉGER, DANIÈLE; JEAN-PAUL WILLAIME (2001): *Sociologie et religion. Approches classiques. Collection dirigée par Georges Balandier*. Paris: PUF, S. 195 - 232

HIRSCHHORN, MONIQUE (1988): *Max Weber et la sociologie française*. Paris: L'Harmattan

HONEGGER, CLAUDIA (Hrsg.; 1977): *M. Bloch, F. Braudel, L. Febvre u. a. Schrift und Materie der Geschichte. Vorschläge zur systematischen Aneignung historischer Prozesse*. Frankfurt/M.: Suhrkamp

JAISSON, MARIE (1999): Temps et espace chez Maurice Halbwachs (1925 - 1945): *Revue d'histoire des sciences humaines*, 1, S. 163 - 178

JAISSON, MARIE; CHRISTIAN BAUDELOT (Hrsg.; 2007): *Maurice Halbwachs, sociologue retrouvé*. Paris: Édition Rue d'Ulm

JONAS, FRIEDRICH (1981): *Geschichte der Soziologie 2. Von der Jahrhundertwende bis zur Gegenwart – Mit Quellentexten*, 2. Aufl. Opladen: Westdeutscher Verlag [Orig.: Reinbek b. Hamburg, 1968]

JOST, CHRISTOFER; GERD SEBALD (2020): *Musik – Kultur – Gedächtnis. Theoretische und analytische Annäherungen an ein Forschungsfeld zwischen den Disziplinen*. Wiesbaden: Springer VS

JURT, JOSEPH (2000): Die Tradition des engagierten Intellektuellen in Frankreich. Von der Dreyfus-Affäre bis heute. In: ESSBACH, WOLFGANG (Hrsg.): *Welche Modernität? Intellektuellendiskurse zwischen Deutschland und Frankreich im Spannungsfeld nationaler und europäischer Identitätsbilder.* Studien des Frankreich-Zentrums der Albert-Ludwigs-Universität Freiburg, Bd. 7, Berlin: Berlin-Verlag Arno Spitz, S. 17 - 47

KAESLER, DIRK (1985): *Soziologische Abenteuer. Earle Edward Eubank besucht europäische Soziologen im Sommer 1934*. Opladen: Westdeutscher Verlag

KALTHOFF, HERBERT et al. (Hrsg.; 2008): *Theoretische Empirie. Zur Relevanz qualitativer Forschung*. Frankfurt/M.: Suhrkamp

KARADY, VICTOR (1972): Biographie de Maurice Halbwachs. In: *M. Halbwachs, Classes sociales et morphologie. Présentation de Victor Karady*. Paris: Les Éditions de Minuit, S. 7 - 22

KHURANA, THOMAS (2010): Das Gedächtnis des Anderen. Zum Ethos des Gedächtnisses bei Derrida. In: FLATSCHER, MATTHIAS; SOPHIE LOIDOLT (Hrsg.): *Das Fremde im Selbst – Das*

Andere im Selben: Transformationen der Phänomenologie. Würzburg: Königshausen & Neumann, S. 160 - 175
KOENIG, MATTHIAS (2008): *Wie weiter mit Émile Durkheim?* Hamburg: Hamburger Edition
KÖNIG, RENÉ (1978): Bilanz der französischen Soziologie um 1930. In: KÖNIG, RENÉ: Émile *Durkheim zur Diskussion. Jenseits von Dogmatismus und Skepsis.* München, Wien: Hanser-Verlag, S. 56 - 103
KOYRÉ, ALEXANDRE (1936), La sociologie française contemporaine. In: *Zeitschrift für Sozialforschung,* 5, S. 260 - 264
KRÄMER, HANS LEO (1999): Die Durkheimianer Marcel Mauss (1872 - 1950) und Maurice Halbwachs (1877 - 1945). In: KAESLER, DIRK (Hrsg.): *Klassiker der Soziologie 1. Von Auguste Comte bis Norbert Elias.* München: Beck, S. 252 - 277
KRÄMER, HANS LEO (2000): *Maurice Halbwachs. La mémoire collective,* in: KAESLER, DIRK; LUDGERA VOGT (Hrsg.): *Hauptwerke der Soziologie.* Stuttgart: Kröner, S. 193 - 197
KRAPOTH, HERMANN; DENIS LABORDE (Hrsg.; 2005): *Erinnerung und Gesellschaft. Mémoire et Société.* Hommage à Maurice Halbwachs, Jahrbuch für Soziologiegeschichte. Wiesbaden: vs-Verlag
KÜHNEL, SINA; HANS J. MARKOWITSCH (2009): *Falsche Erinnerungen. Die Sünden des Gedächtnisses.* Heidelberg: Spektrum Akademischer Verlag
KWASCHIK, ANNE (2004): Rezension zu: S. Egger (Hrsg.): Maurice Halbwachs: Stätten der Verkündigung im Heiligen Land. Eine Studie zum kollektiven Gedächtnis. Konstanz: UVK, 2003. In: *sehepunkte,* 4 (2004), S. 11, http://www.sehepunkte.de/2004/11/6638.html [15.11.2004]
LANGENOHL, ANDREAS (2011): Aleida und Jan Assmann: Kultur als Schrift und Gedächtnis. In: MOEBIUS, STEPHAN; DIRK QUADFLIEG: *Kultur. Theorien der Gegenwart.* Wiesbaden: vs Verlag für Sozialwissenschaften, S. 541 - 566
LAUBE, STEFAN (2003); Rezension zu: S. Egger (Hrsg.): Maurice Halbwachs: Stätten der Verkündigung im Heiligen Land. Eine Studie zum kollektiven Gedächtnis. Konstanz: UVK,

2003. In: *H-Soz-u-Kult*, http://hsozkult.geschichte.hu-berlin.de/rezensionen/2003-3-137 [02.09.2003]

LAVABRE, MARIE-CLAIRE (1998): M. Halbwachs et la sociologie de la mémoire. In: *Raisons présente,* 128, S. 47 - 56

LEBARON, FRÉDÉRIC (2001): Bases of a Sociological Economy: From François Simiand and Maurice Halbwachs to Pierre Bourdieu. In: *International Journal of Contemporary Sociology,* 38 (1), S. 54 - 63

LEPENIES, WOLF (Hrsg. 1981a-d): *Geschichte der Soziologie. Studien zur kognitiven, sozialen und historischen Identität einer Disziplin.* 4 Bände. Frankfurt/M.: Suhrkamp

LEPENIES, WOLF (2004): *Deutsch-französische Kulturkriege – Maurice Halbwachs in Berlin.* WZB-Vorlesungen, 10, Berlin: WZB

LEPENIES, WOLF (2006): *Kultur und Politik. Deutsche Geschichten.* München: Beck

LEROUX, ROBERT (1998): *Histoire et Sociologie en France. De l'histoire-science à la sociologie durkheimienne.* Paris: PUF

LEROUX, ROBERT; JEAN-CHRISTOPHE MARCEL (Hrsg; 2021): *The Anthem Companion to Maurice Halbwachs.* London: Anthem Press

LÉVI-STRAUSS, CLAUDE (1945): French Sociology. In: GURVITCH, GEORGES; WILBERT E. MOORE (Hrsg.): *Twentieth century sociology.* New York: The Philosophical Library, S. 503 - 537

MARCEL, JEAN-CHRISTOPHE (2000): Halbwachs et le suicide: de la critique de Durkheim à la fondation d'une psychologie collective. In: BORLANDI, MASSIMO; MOHAMED CHERKAOUI (Hrsg): *Le suicide un siècle après Durkheim.* Paris: PUF, S. 147 - 184

MARCEL, JEAN-CHRISTOPHE (2001): *Le Durkheimisme dans l'entre-deux-guerres.* Paris: PUF

MARCEL, JEAN-CHRISTOPHE (2002): Maurice Halbwachs et les classes sociales. In: *Alternatives économiques,* 208, S. 77 - 81

MARCEL, JEAN-CHRISTOPHE (2004): Mauss et Halbwachs: vers la fondation d'une psychologie collective (1920 - 1945). In: *Sociologie et Société,* 36 (2), S. 73 - 90

MARKOWITSCH, HANS J.; HARALD WELZER (2005): *Das autobiographische Gedächtnis. Hirnorganische Grundlagen und biosoziale Entwicklung.* 2. Aufl. Stuttgart: Klett-Cotta [2005]

MARSCHELKE, JAN-CHRISTOPH (2019): Transkollektive Gedächtnisse: Notizen zu den Kritiken an der Assmannschen Theorie des kollektiven Gedächtnisses. In: *Zeitschrift für Kultur- und Kollektivwissenschaft,* 5 (2), S. 103 - 130

MARTIN, JEAN-CLÉMENT (2000): Histoire, mémoire et oubli. Pour un autre régime d'historicité. In: *Revue d'histoire moderne et contemporaine,* 47 (4), S. 783 - 804

MARTIN, OLIVIER (2003): Statistischer Sinn und soziologischer Sinn bei Maurice Halbwachs. In: EGGER, STEPHAN (Hrsg.): *Maurice Halbwachs. Aspekte des Werks.* Maurice Halbwachs in der édition discours, Band 7, Hrsg. von S. Egger und F. Schultheis, Konstanz: UVK, S. 145 - 180

MAUSS, MARCEL (1969): La sociologie en France depuis 1914. In: KARADY, VICTOR (Hrsg.): *Marcel Mauss.* Œuvres. *3. Cohésion sociale et division de la sociologie.* Paris: Les Éditions de Minuit, S. 436 - 450

MAUSS, MARCEL (1999): *Die Gabe. Form und Funktion des Austauschs in archaischen Gesellschaften,*.4. Aufl. Frankfurt/M.: Suhrkamp [Orig.: Essai sur le don. Forme et raison de l'échange dans les sociétés archaïques. In: *L'Année Sociologique* (1923/24), Nouvelle série, 1, S. 30 - 186]

MAUSS, MARCEL (1983): An Intellectual Self-Portrait. In: BESNARD, P. (Hrsg.): *The sociological domain. The Durkheimians and the Founding of French sociology.* Cambridge, Paris: Cambridge University Press, S. 139 - 151

MAUSS, MARCEL (1999), *Sociologie et anthropologie.* 8. Aufl. Paris: PUF [zuerst 1950]

MAZELLA, SYLVIE (1997): La ville-mémoire. Quelques usages de »La mémoire collective« de M. Halbwachs. In: *Enquête,* 4, 177189

MIDGLEY, DAVID (2003): Das ausufernde Gedächtnis. In: *KulturPoetik. Zeitschrift für kulturgeschichtliche Literaturwissenschaft,* 3 (2), S. 297 - 306

MOEBIUS, STEPHAN (2006): *Die Zauberlehrlinge. Soziologiegeschichte des Collège de Sociologie* (1937 - 1939), Konstanz: UVK

MOEBIUS, STEPHAN (2009a): Die elementaren (Fremd-) Erfahrungen der Gabe. Sozialtheoretische Implikationen der Kultursoziologie der Besessenheit von Marcel Mauss und des ›radikalen Durkheimismus‹ des Collège de Sociologie. In: *Berliner Journal für Soziologie* 1/2009, S. 104-126

MOEBIUS, STEPHAN (2009b): Marcel Mauss und Pierre Bourdieu. In: REHBEIN, BOIKE; GERHARD FRÖHLICH (Hrsg.): *Bourdieu-Handbuch*. Stuttgart: Metzler, S. 53-57

MOEBIUS, STEPHAN (2022): *Marcel Mauss*. Köln: Herbert von Halem

MONTIGNY, GILLES (1992): Un chef-d'œuvre de la sociologie durkheimienne appliquée: L'étude des expropriations par Maurice Halbwachs (1877-1945). In: MONTIGNY, GILLES: *De la ville* à *l'urbanisation*. Paris: L'Harmattan, S. 248-261

MONTIGNY, GILLES (1999): Une sociologie de la spéculation (Halbwachs, Simiand). In: *Cultures en mouvement*, 22, S. 33-37

MONTIGNY, GILLES (2005), *Maurice Halbwachs. Vie – œuvres – concepts*. Paris: Ellipses

MONTLIBERT, CHRISTIAN DE (1997): *Maurice Halbwachs, 1877-1945*. Colloque de la Faculté Sciences Sociales de Strasbourg (Mars 1995), textes réunis par Christian de Montlibert, Strasbourg: Presses Universitaires de Strasbourg

MONTLIBERT, CHRISTIAN DE (2021): Urban Morphology and Social Morphology: Marcel Roncayolo and the work of Maurice Halbwachs. In: LEROUX, ROBERT; JEAN-CHRISTOPHE MARCEL (Hrsg.; 2021): *The Anthem Companion to Maurice Halbwachs*. London: Anthem Press, S. 78-98

MUCCHIELLI, LAURENT (1998): *La découverte du social. Naissance de la sociologie en France*. Paris: La Découverte

MUCCHIELLI, LAURENT (2003): Für eine kollektive Psychologie: Das durkheimsche Erbe bei Maurice Halbwachs und seine Auseinandersetzung mit Charles Blondel. In: EGGER, STEPHAN (Hrsg.): *Maurice Halbwachs – Aspekte des Werks*. Maurice Halbwachs in der édition discours, Band 7. Hrsg. von S. Egger und F. Schultheis, Konstanz: UVK, S. 69-113

MUCCHIELLI, LAURENT; MARC RENNEVILLE (1998): Les causes du suicide: pathologie individuelle ou sociale? Durkheim, Halbwachs et les psychiatres de leurs temps (1830 - 1930). In: *Déviance et Société*, 22 (1), S. 3 - 36

MÜLLER, HANS-PETER (1999): Emile Durkheim (1858 - 1917). In: KAESLER, DIRK; LUDGERA VOGT (Hrsg.): *Hauptwerke der Soziologie*. Stuttgart: Kröner, S. 150 - 170

MUXEL, ANNE (1996): *Individu et mémoire familiale*. Paris: Nathan

MUXEL, ANNE (2012): The Functions of Familial Memory and Processes of Identity. In: BOESEN, ELISABETH et al. (Hrsg.): *Peripheral memories. Public and private Forms of Experiencing and Narrating the Past*. Bielefeld: transcript Verlag, S. 21 - 22

NAMER, GÉRARD (1999): La mémoire culturelle chez Maurice Halbwachs. In: *L'Année sociologique*, 49 (1), S. 223 - 235

NAMER, GÉRARD (2000): *Halbwachs et la mémoire sociale*. Paris: L'Harmattan

NEE, VICTOR; RICHARD SWEDBERG (Hrsg.; 2005): *The Economic Sociology of Capitalism*. Princeton, Oxford: Princeton University Press

NIETHAMMER, LUTZ (2000): *Kollektive Identität. Heimliche Quellen einer unheimlichen Konjunktur*. Reinbek b. Hamburg: Rowohlt

NORA, PIERRE (Hrsg.; 2005): Erin*nerungsorte Frankreichs*. München: Beck [Orig.: *Les lieux de mémoire. Tomes 1 - 3*. Paris: Gallimard, 1984 - 1992]

OGINO, MASAHIRO (2015): Collective Memory, Sociology of. In: *International Encyclopedia of the Social & Behavioral Sciences (Second Edition)*, S. 200 - 205

OLICK, JEFFREY K. (1999): Collective Memory: The Two Cultures. In: *Sociological Theory*, 17 (3), S. 333 - 348

OLICK, JEFFREY K.; VERED VINITZKY-SEROUSSI; DANIEL LEVY (2011): *The collective memory reader*. New York: Oxford University Press

PÉQUIGNOT, BRUNO (Hrsg.; 2007): *Maurice Halbwachs: le temps, la mémoire et l'émotion*. Paris: L'Harmattan

PETER, LOTHAR (2001): Warum und wie betreibt man Soziologiegeschichte? In: KLINGEMANN, CARSTEN et al.

(Hrsg.): *Jahrbuch für Soziologiegeschichte 1997/1998*. Opladen: Leske & Budrich, S. 9 - 64

PETHES, NICOLAS; JENS RUCHATZ (Hrsg.; 2001): *Gedächtnis und Erinnerung. Ein interdisziplinäres Lexikon*. Reinbek b. Hamburg: Rowohlt

PFEFFERKORN, ROLAND (1996): *Simiand et Halbwachs, critiques du marginalisme, Économies et sociétés*. In: *Série D*, 9 (2), S. 27 - 35

PLÉH, CSABA (2000): Remembering the Collective Memory of Maurice Halbwachs. In: *Semiotica*, 128 (3/4), S. 435 - 443

POLIN, RAYMOND (1946): La Sociologie française pendant la guerre. In: *Synthèse*, 5 (3/4), S. 117 - 129

POLLAK, MICHAEL (1978): *Gesellschaft und Soziologie in Frankreich. Tradition und Wandel in der neueren französischen Soziologie*. Königstein: Hain

PROCHASSON, CHRISTOPHE (1993): *Les intellectuels, le socialisme et la guerre 1900 - 1938*. Paris: Édition du Seuil

QUADFLIEG, DIRK (2007): Rezension zu: Maurice Halbwachs: Das Gedächtnis und seine sozialen Beziehungen. In: *Soziologische Revue*, 30 (4), S. 406 - 409

QUINDEAU, ILKA (2004): *Spur und Umschrift. Die konstitutive Bedeutung von Erinnerung in der Psychoanalyse*. München: Fink

RAMSTEDT, OTTHEIN (1997): Maurice Halbwachs und die ›Deutsche Soziologie‹. In: DE MONTLIBERT, CHRISTIAN (Hrsg.): *Maurice Halbwachs 1877 - 1945*. Strasbourg: Presses Universitaires de Strasbourg, S. 97 - 106

RAPHAËL, FREDDY; GENEVIÈVE HERBERICH-MARX (1997): Comment les souvenirs rentrent dans le rang. In: DE MONTLIBERT, CHRISTIAN (Hrsg.): *Maurice Halbwachs 1877 - 1945*. Strasbourg: Presses Universitaires de Strasbourg, S. 75-91

Revue d'histoire des sciences humaines (1999), Maurice Halbwachs et les sciences humaines de son temps, 1 , Villeneuve d' Ascq.

RICŒUR, PAUL (1998): *Das Rätsel der Vergangenheit. Erinnern – Vergessen – Verzeihen*. Göttingen: Wallstein-Verlag

RICŒUR, PAUL (2003): Erinnerung und Vergessen. Das eigenwillige Überleben der Bilder. In: *Der blaue Reiter*, 15, S. 40 - 45

RICŒUR, PAUL (2004): *Gedächtnis, Geschichte, Vergessen*. München: Fink (Orig.: *La mémoire, l'histoire, l'oubli*. Paris: Éditions Seuil, 2000)

RÖSSLER, MECHTILD (1991): Der andere Diskurs zu Raum und Geschichte. Wechselbeziehungen zwischen ›Ecole des Annales‹ und früher deutscher Sozialgeographie 1920-1950. In: *Geographische Zeitschrift*, 79 (3), S. 153-167

RUSSELL, NICOLAS (2006): Collective Memory Before and After Halbwachs. In: *The French Review*, 79 (4), S. 792-804

SCHROER, MARKUS (2006): *Räume, Orte, Grenzen: auf dem Weg zu einer Soziologie des Raums*. Frankfurt/M.: Suhrkamp

SEBALD, GERD (2018): Erinnern und Gedächtnis in Europa. In: BACH, MAURIZIO; BARBARA BACH-HÖNIG: *Europasoziologie – Handbuch für Wissenschaft und Studium*. Baden-Baden: Nomos Verlag, S. 281-290

SEMPRÚN, JORGE (2001): *Die Ohnmacht*. Frankfurt/M.: Suhrkamp

SEMPRÚN, JORGE (1995): *Schreiben oder Leben*. Frankfurt/M.: Suhrkamp

SEMPRÚN, JORGE (2001): *Le mort qu'il faut*. Paris: Gallimard

SIMON, PIERRE-JEAN (2008): *Histoire de la sociologie. Tradition et fondation*. 2. Aufl. Paris: PUF

STEINER, PHILIPPE (2003): Maurice Halbwachs: Die letzten Feuer der durkheimianischen Wirtschaftssoziologie. In: EGGER, STEPHAN (Hrsg.): *Maurice Halbwachs. Aspekte des Werks*. Maurice Halbwachs in der édition discours, Band 7, Hrsg. von S. Egger und F. Schultheis, Konstanz: UVK, S. 45-67

ŠUBER, DANIEL (2012): *Émile Durkheim*. Klassiker der Wissenssoziologie Band 12, Konstanz: UVK

TASLITZKY, BORIS (1946): *111 dessins faits à Buchenwald 1944-1945*. Présentés par Julien Cain, Paris: La Bibliothèque Française

TESAK, JÜRGEN (2006): *Einführung in die Aphasiologie*. 2. aktualisierte Auflage. Stuttgart, New York: Thieme

TOPALOV, CHRISTIAN (1997a): Maurice Halbwachs, photographe des taudis parisiens (1908). In: *Genèses*, 28, S. 128-145

TOPALOV, CHRISTIAN (1997b), Maurice Halbwachs et les villes (1908-1912). Une enquête d'histoire sociale des sciences sociales. In: *Annales Histoire et Sciences Sociales*, 52 (5), S. 1057-1083

TOPALOV, CHRISTIAN (2006): Maurice Halbwachs et les sociologues de Chicago. In: *Revue française sociologique*, 47 (3), S. 561-590

VERRET, MICHEL (1972): Halbwachs ou le deuxième âge du durkheimisme. In: *Cahiers internationaux de sociologie*, 53, S. 311-336

VOGT, STEFFEN (2002): *Ortsbegehungen. Topographische Erinnerungsverfahren und politisches Gedächtnis in Thomas Bernhards* Der Italiener *und* Auslöschung. Berlin: Erich Schmidt Verlag

VROMEN, SUZANNE (1975): *The Sociology of Maurice Halbwachs*. New York: New York University, unveröffentl. Ph.D. Dissertation (Mikrofilm)

WEINRICH, HARALD (2005): *Lethe. Kunst und Kritik des Vergessens*. München: Beck

WELZER, HARALD (Hrsg.; 2001), *Das soziale Gedächtnis. Geschichte, Erinnerung, Tradierung*. Hamburg: Hamburger Edition

WELZER, HARALD (2002): *Das kommunikative Gedächtnis. Eine Theorie der Erinnerung*. München: Beck

WELZER, HARALD (2005): Das kommunikative Gedächtnis der Familie. In: *Familiendynamik*, 30 (4), S. 353-369

WELZER, HARALD; HANS J. MARKOWITSCH (Hrsg.; 2006): *Warum Menschen sich erinnern können. Fortschritte in der interdisziplinären Gedächtnisforschung*. Stuttgart: Klett-Cotta

WETZEL, DIETMAR J. (2003): *Diskurse des Politischen. Zwischen Re- und Dekonstruktion*. München: Fink

WETZEL, DIETMAR J. (2004): Maurice Halbwachs – das unvollendete Projekt einer ›Wissenschaft vom Menschen‹. In: *KZfSS*, 56 (3), S. 563-569

WETZEL, DIETMAR J. (2009): Maurice Halbwachs. In: BEDORF, THOMAS; KURT RÖTTGERS (Hrsg.): *Die französische Philosophie im 20. Jahrhundert. Ein Handbuch*. Darmstadt: Wissenschaftliche Buchgesellschaft, S. 156-157

WETZEL, DIETMAR J. (2011): Maurice Halbwachs: Vergessen und kollektives Gedächtnis. In: DIMBATH, OLIVER; PETER WEHLING (Hrsg.): *Soziologie des Vergessens. Theoretische Zugänge und empirische Forschungsfelder.* Konstanz: UVK, S. 37-55

WETZEL, DIETMAR J. (2019): Gedächtnis aus kultursoziologischer Perspektive. In: MOEBIUS, STEPHAN et al. (Hrsg.): *Handbuch Kultursoziologie*. Wiesbaden: Springer VS, S. 337-350

WETZEL, DIETMAR J. (2022): Kontexte des Familiengedächtnisses – Aspekte, Funktionen und Formen des Erinnerns/ des Vergessens. In: BORCSA, MARIA et al. (Hrsg.): *Handbuch narrativer Praxis*. Göttingen: Vandenhoeck & Ruprecht, S. 105-119

WETZEL, DIETMAR J. (2023a): *Rezension* zu Georges Canguilhem: Über Maurice Halbwachs. Hrsg. von Henning Schmidgen. https://www.soziopolis.de/umwelt-denken-umwelt-gestalten.html

WETZEL, DIETMAR J. (2023b): Contested Memories – Aspects of collective remembering and forgetting. In: SCHMIDT, HANS-JOACHIM; NOËLLE-LAETITIA PERRET (Hrsg.): *Memories lost in the Middle Ages. Collective forgetting as an alternative procedure of the social cohesion*. Belgium: Brepols, S. 61-73

x. Zeittafel

1877 Maurice Louis Halbwachs wird am 11. März in Reims als Kind von Gustave (François-Antoine) Halbwachs (1845-1906), und Félicie Halbwachs (1955-1940) geboren. Seine jüngere Schwester, Jeanne Halbwachs, kommt im Jahr 1890 zur Welt. Kinder: Francis Halbwachs (1914-1986) und Pierre Halbwachs (1916-1987).

1898 Besuch des Lycée Michelet und des Lycée Henri-Quatre in Paris; Baccalauréat.

1901 Studium der Philosophie an der École Normale Supérieure in Paris; Agrégation de Philosophie.

1904 Professor am Lycée in Nancy, Meurthe-et-Moselle, und am Lycée in Tours, Indre-et-Loire.

1905 Von 1904 bis 1905 Lektor an der Universität Göttingen, Niedersachsen.

1906 Beitritt zur *Parti Socialiste Français*; Mitarbeiter mehrerer sozialistischer Zeitschriften.

1909 Von 1905 bis 1909 Studium der Ökonomie, des Rechts und der Mathematik an der Sorbonne in Paris. 1905 Bekanntschaft mit Émile Durkheim (1858-1917), wichtiger Mitarbeiter in der Zeitschrift *Année sociologique*, Betreuer mit François Simiand (1873-1935) der Bereiche Wirtschaft und Statistik.

1908 Professeur am Lycée in Reims bis 1909.

1909 Thèse de Droit (Dissertation der Rechte): *Les Expropriations et le prix des terrains à Paris*. 1860-1900. Forschungsaufenthalt in Berlin; Studium der deutschen Wirtschaftstheorie und des Marxismus. Korrespondent der Zeitung *L'Humanité* (Paris); nach einem Bericht über einen von der Polizei niedergeschlagenen Streik Ausweisung aus Deutschland.

1912 Einreichen der Habilitationsschrift an der Sorbonne: *La Classe ouvrière et les niveaux de vie, recherches sur la hiérarchie des besoins dans les sociétés industrielles contemporaines*.

1914 Bis 1918 Angestellter im Kriegsministerium im Kabinett von Albert Thomas.

1919 Chargé de Cours de Philosophie (Lehrbeauftragter für Philosophie) an der Universität Caen, Calvados.

1919 Ab 1919-1935 Professeur de Faculté (Sociologie et Pédagogie) an der Universität Straßburg.

1932 Visiting Professor an der University of Chicago in Chicago, Illinois.

1935 Professeur de Faculté (Sociologie) an der Sorbonne in Paris. Zusammenarbeit unter anderem mit Marcel Mauss (1872-1950).

1942 Directeur (Leiter) der *Annales de Sociologie* (Paris) bis 1944.

1944 Professeur de Psychologie Collective (Sozialpsychologie) am Collège de France in Paris (10.5.1944). Am 23. Juli 1944 von der Gestapo verhaftet, zunächst in Fresnes interniert und am 20. August 1944 ins Konzentrationslager Buchenwald deportiert.

1945 Maurice Halbwachs stirbt an Erschöpfung am 16. März im Konzentrationslager Buchenwald.

Danksagung

Kein Buch (und auch nicht dessen Überarbeitung) entsteht als Ergebnis nur singulärer Bemühungen. Dass dem auch dieses Mal so war, verdanke ich den Hinweisen, Zuarbeiten und Ratschlägen folgender Personen: Martin Ashauer, Esther Bernhard, Maria Borsca, Mahboob Hasan, Claudia Honegger, Simone Marti, Stephan Moebius, Marlen Rabl, Niklaus Schefer, Andreas Seeger und Aleksander Miłosz Zielinski. Ganz besonders danke ich Sonja Rothländer und Bernt Schnettler für die überaus angenehme Zusammenarbeit. Zudem bedanke ich mich bei Julian Pitten und Herbert von Halem für die konstruktive Zusammenarbeit und für die Möglichkeit, eine erweiterte Neuauflage zu publizieren.

Zum Autor

Dietmar J. Wetzel, Prof. Dr. habil. und Dipl. Frankreichwissenschaftler ist Professor für Sozialwissenschaften an der MSH Medical School, Hamburg, wo er das Department Pädagogik leitet. Zudem ist er Dozent an der Universität Basel und an der ZHAW Winterthur.

Register

A

Anerkennung 33, 35, 38, 40, 45, 57
Annales-Schule 30, 46, 50
Annales sociologiques 43, 52f., 63
Année sociologique 13, 22f., 43f., 52f., 61
Antisemitismus 19, 29
Arbeiter 24, 99f.

B

Bedürfnislagen 9
Bedürfnisse 13, 25, 32, 82f., 105, 113
Bevölkerung 13, 24, 26f., 104f., 106, 109
Bevölkerungsdichte 105
Bevölkerungslehre 104
Bevölkerungsverhalten 104
Bevölkerungswissenschaft 105f.
Bewusstsein 13, 57f., 87, 95, 99, 119
Bieberstein, Klaus 76
Bordeaux 21, 61, 78
Buchenwald 10, 14, 40f., 108f., 111, 123

C

Caen 27
Collège de France 38, 40, 55, 60f., 63
Constantine 20

D

Dreyfus-Affäre 18f., 37, 44
Dreyfusard 23
Durkheim-Schule 11, 35, 42, 44f., 64, 124

E

École Normale Supérieure 18
Elsass-Lothringen 29
Erinnerung 12, 15, 40, 55f., 61, 66ff., 90ff., 110, 112, 113, 115, 118f., 120, 122f.
Erwerbsbevölkerung 97

F

Familie 12, 14, 17f., 36, 58, 65, 67, 72, 96, 98, 101f., 106
Freundschaft 60, 62, 109

G

Gedächtnis 9, 12ff., 31, 46, 49, 55ff., 62, 64, 66ff., 80ff., 110f., 114ff., 123
Gedächtnisstudie 12f., 66, 94, 118, 119
Gefühle 30, 54, 60, 72, 95f., 98
Gefühlsausdruck 95
Gefühlswelt 101
Geist 37, 55, 97
  kollektiver 95
Geist der Synthese 30
Geisteskultur 27
Gemeinschaft 56
  politische 100, 106
  religiöse 91
  soziale 67
Gemeinschaften
  soziale 12
Generationengedächtnis 117
Geografie 13, 47, 50f., 112
geografische Räume 117
geographie humaine 50
Geschichte 13, 38, 46ff., 50, 53, 56, 60, 74, 80, 82, 86ff., 98, 106, 111f., 119
Gesellschaft 50, 58, 67, 69ff., 75, 88f., 95, 96, 99ff., 104, 107, 113, 116, 118, 120
gesellschaftliche Gruppen 11
Gruppengedächtnis 77, 110
Gruppenzugehörigkeit 85, 115

H

homo oeconomicus 52, 98, 120
Humangeografie 50f.

I

Identität 110, 118, 123
Identitätsmodell 83
Individuum 31, 50, 56, 64, 85ff., 89, 92, 113
Integration 29, 43, 100, 103
Intellektuelle 9, 17ff., 23, 38, 108

J

Judentum 17

K

Klasse 9, 10, 12f., 27, 62, 65, 67, 73f., 94, 96ff., 105f., 114, 121
Klassenbegriff 121
Klassenbildung 113
Klassenegoismus 74
Klassengeist 98
Klassenlage 13
Klassenlagen 98f.
Klassentheorie 99
Konflikt 26, 101, 120, 123
Konfliktfeld 49
Konsum 14

Konsumptionsverhältnisse 99
Körper 41, 55f. 105, 110
Krieg 26F., 37, 67, 97, 102, 120
Kriegshandlung 26
Kriegswirren 62
Kriegszeit 38
Kriegszustände 97
Kulturwissenschaften 9, 10, 15, 47, 114

L

Lebensstile, genres de vie 13, 98
Lebensweise 10, 46, 50, 96, 98f., 103, 106f.
lieu de mémoire 111, 118

M

Marxismus 24
Materie 55, 89, 99, 103
mémoire-habitude 56
mémoire-souvenir 56
Metaphysik 21, 55
Methode
  historische 48
  wissenschaftliche 48
Methoden
  abstrakte 60
  ethnografische 47
  quantitative 22, 49
  statistische 48
Milieu 85ff., 102
  intellektuelles 123
  soziales 65
Milieuanalysen 121
Milieus
  gesellschaftliche 27
  soziale 30, 88, 102
  städtische 102
  wissenschaftliche 11, 42, 53
Montpellier 20
Moral 17, 58, 74, 102
moralisch. *Siehe* Moral
Moralvorstellungen 74
Morphologie 51
  ökonomische 104ff.
  politische 105f.
  religiöse 105f.
  soziale 9, 10, 14, 50f., 94, 103ff., 121
Morphologie der Großstadt 104, 106

N

Nation 29, 65, 97, 118
Nationalgefühl 98
Nationalökonomie 21, 24f., 98, 99
Nationalsozialismus 36, 38
Nationalsozialisten 36
Normalien 20, 27, 59, 63

O

Ökonomie 13, 21, 46f., 51f., 59, 62, 94, 97f., 112, 121
ökonomische Gruppe 65

P

Pansoziologismus 50, 64

Paris 18, 24, 26, 28, 31, 35, 37f., 40, 51, 55, 108
Person 53, 69, 70, 72f.
Persönlichkeit 12, 28, 50, 102
Philosophie 18, 20f., 32, 42, 55, 59, 63, 109, 122
Politik 9, 17ff., 29, 36f., 71, 78, 97, 102, 105, 108f.
politisch. *Siehe* Politik
Psychologie 9f., 12f., 32, 40, 45, 46, 49, 51, 53f., 58, 62ff., 84, 94ff., 98, 104, 106, 112, 122

R

Rahmen, *cadre* 12, 31, 56, 66f., 70f., 92
Reims 18, 23
Rekonstruktion 12, 66, 68f., 74, 76, 92
Religion 58, 73, 75f., 79, 88, 91, 102
Religionssoziologie 62, 84
religiöse Gruppen 12, 67, 77
Ritual 73

S

Seele 55, 97
Seelenkunde 64
Seelenschau 58
Selbstmord 9, 10, 14, 34, 39, 49, 62, 65, 94, 100ff.
Selbstmordrate 100, 102
soziale Gruppe 13, 72, 105, 107, 113, 118
soziale Tatsachen 51f.
Sozialgeografie 103
Sozialwissenschaften 13, 16, 21f., 26, 34, 45, 50, 52, 55, 57, 59, 63, 94, 112, 120
Stadtsoziologie 9, 114, 121
Statistik 9ff., 21f., 31, 35, 44, 53
Straßburg 11, 27ff., 35, 38, 44, 48f., 51, 54, 63, 67, 85
Straßburger Zeit 36
Subjektivismus 55f.
Symbol 85, 115
symbolisch 83, 91, 116, 118
Symbolismus 70
Szientismus 58

T

Tod 9, 10, 13f., 25, 27f., 40, 45, 59, 72, 82, 90, 108, 110, 123
Traum 53, 67ff.

V

Vergessen 15, 31, 40, 66, 71, 109, 114f., 119

W

Weltkrieg 15, 26, 29, 31, 37, 39, 43f., 75, 108, 123
Wien 25
Wirtschaftssoziologie 22, 44, 120, 121

Z

Zivilisation 27, 96, 106

Personenregister

A

Adorno, Theodor W. 35
Assmann, Aleida 15, 114, 123
Assmann, Jan 15, 92f., 114, 123

B

Balzac, Honoré de 18
Basch, Ilona 39
Basch, Victor 26, 37, 39
Basch, Yvonne 17, 26
Becker, Annette 11, 19, 62, 67
Bergson, Henri 11f., 18, 54ff., 59, 69, 87, 92, 113
Blache, Paul Vidal de la 50
Bloch, Marc 28, 30, 35, 38, 46ff.
Blondel, Charles 11, 30, 33, 45, 49, 54, 63f., 86
Böhm-Bawerk, Eugen von 25
Bouglé, Célestin 21, 35, 38, 43
Bourdieu, Pierre 9, 71, 113, 122
Bras, Gabriel le 30
Briand, Aristide 20
Burgess, Ernest W. 10, 34

C

Canguilhem, Georges 103
Cerf, Georges 30
Comte, Auguste 61
Coser, Lewis A. 34
Craig, John E. 33

D

Dalman, Gustaf 80
Davy, Georges 53
Deleuze, Gilles 69
Derrida, Jacques 69
Dimbath, Oliver 115
Dreyfus, Alfred 19, 23
Durkheim, André 59
Durkheim, Émile 11, 13ff., 21ff., 27, 28f., 31, 35, 42ff., 52ff., 57ff., 64, 67f., 76, 86, 92, 100ff., 114, 122, 124, 127, 131, 132, 136f., 140, 142, 145

E

Egger, Stephan 27, 107

Elias, Norbert 35
Eubank, Earle Edward 54, 63

F

Fauconnet, Paul 21, 38
Febvre, Lucien 28, 30, 35, 38f., 46, 48, 50
Felice, Philippe de 53
Foucault, Michel 84
Franziskus 79
Fréchet, Maurice 22, 30
Freyer, Hans 36

G

Gernet, Louis 53
Gierl, Walter 92, 104, 112
Goffman, Erving 71
Granet, Marcel 21
Guillaume, Edouard 51
Guillaume, Georges 51

H

Halbwachs, Félicie 18, 145
Halbwachs, Francis 145
Halbwachs, Georges 18
Halbwachs, Gustave 18, 145
Halbwachs, Jeanne 18, 26, 145
Halbwachs, Marcelle 18
Halbwachs, Pierre 40, 145
Heidegger, Martin 119
Heilbron, Johan 42
Herr, Lucien 20
Hertz, Robert 11, 21, 23, 43, 122
Hervieu-Léger, Danièle 75
Honigsheim, Paul 35
Horkheimer, Max 35
Hubert, Henri 21, 43

J

Jaurès, Jean 18, 20, 25, 54
Jesus 79f.

K

Kant, Immanuel 60
Karady, Victor 24
Keynes, John Maynard 10, 37
Konstantin 78

L

Lefebvre, Georges 30
Leibniz, Gottfried Wilhelm 21
Lévi-Bruhl, Henri 53
Lévi-Bruhl, Lucien 53
Liebknecht, Karl 25

M

Mannheim, Karl 33, 35
Marcel, Jean-Christophe 11, 44
Marx, Jean 53
Mauss, Marcel 11, 20f., 40, 43, 53f., 60ff., 71, 146
McKay, Henry D. 34
Menger, Carl 25
Mises, Ludwig von 25
Montigny, Gilles 11

Montlibert, Christian de 11
Mucchielli, Laurent 49f.

N

Niethammer, Lutz 110
Nietzsche, Friedrich 113
Nora, Pierre 15, 114

P

Pareto, Vilfredo 37
Park, Robert E. 10, 34
Parodi, Dominique 53
Peguy, Charles 20
Pontius Pilatus 79

Q

Quetelet, Adolphe 26

R

Ricœur, Paul 119

S

Salomon, Gottfried 35
Scelle, Georges 35
Schelsky, Helmut 36
Schmidgen, Henning 14
Schütz, Alfred 35
Semprún, Jorge 14, 40f., 109
Shaw, Clifford R. 34
Simiand, François 11, 21ff., 26, 37, 43ff., 48f., 51f., 54, 59ff., 112, 120, 122, 127, 137, 139, 141, 146
Simmel, Georg 33
Sombart, Werner 10, 33
Stendhal 18

T

Tarde, Gabriel 45
Taslitzky, Boris 14, 41, 111
Thomas, Albert 27, 146
Thrasher, Frederic 34

V

Veblen, Thorstein 10, 37
Verne, Jules 18

W

Wacquant, Loïc 71
Warburg, Aby 66
Weber, Marianne 32
Weber, Max 10, 23, 32f., 37, 44, 59
Weinrich, Harald 111
Wieser, Friedrich von 25
Willaime, Jean-Paul 75
Wirth, Louis 34
Worms, René 45

Klassiker der Wissenssoziologie (Hrsg. von Bernt Schnettler)

BERNT SCHNETTLER
Thomas Luckmann
Klassiker der Wissenssoziologie, 1
2024, 2., überarbeitete Auflage,
ca. 160 S., 185 x 120 mm, dt.
ISBN 978-3-7445-1991-5

STEPHAN MOEBIUS
Marcel Mauss
Klassiker der Wissenssoziologie, 2
2022, 2. Auflage, 176 S.,
185 x 120 mm, dt.
ISBN 978-3-7445-2070-6

MARTIN ENDRESS
Alfred Schütz
Klassiker der Wissenssoziologie, 3
2006, 160 S., 185 x 120 mm, dt.
ISBN 978-3-7445-1607-5

JÖRG STRÜBING
Anselm Strauss
Klassiker der Wissenssoziologie, 4
2007, 152 S., 184 x 120 mm, dt.
ISBN 978-3-7445-1611-2

GABRIELA CHRISTMANN
Robert E. Park
Klassiker der Wissenssoziologie, 5
2007, 140 S., 185 x 120 mm, dt.
ISBN 978-3-7445-1628-0

JÜRGEN RAAB
Erving Goffman
Klassiker der Wissenssoziologie, 6
2014, 2. Auflage, 160 S.,
185 x 120 mm, dt.
ISBN 978-3-7445-0684-7

REINER KELLER
Michel Foucault
Klassiker der Wissenssoziologie, 7
2023, 2. Auflage, 194 S., Broschur,
185 x 120 mm, dt.
ISBN 978-3-7445-2073-7

AMALIA BARBOZA
Karl Mannheim
Klassiker der Wissenssoziologie, 9
2020, 160 S., 185 x 120 mm, dt.
2., komplett überarb. Auflage
ISBN 978-3-7445-2031-7

DIRK VOM LEHN
Harold Garfinkel
Klassiker der Wissenssoziologie, 10
2012, 156 S., 185 x 120 mm, dt.
ISBN 978-3-7445-1688-4

DANIEL ŠUBER
Émile Durkheim
Klassiker der Wissenssoziologie, 12
2011, 152 S., 185 x 120 mm, dt.
ISBN 978-3-7445-1671-6

MICHAEL KAUPPERT
Claude Lévi-Strauss
Klassiker der Wissenssoziologie, 13
2008, 124 S., 185 x 120 mm, dt.
ISBN 978-3-7445-0032-6

HEIKE DELITZ
Arnold Gehlen
Klassiker der Wissenssoziologie, 14
2011, 152 S., 185 x 120 mm, dt.
ISBN 978-3-7445-0054-8

DIETMAR J. WETZEL
Maurice Halbwachs
Klassiker der Wissenssoziologie, 15
2023, 2., überarbeitete Auflage,
156 S., 185 x 120 mm, dt.
ISBN 978-3-7445-2067-6

UWE KRÄHNKE
Georg Simmel
Klassiker der Wissenssoziologie, 16
2023, 136 S., 185 x 120 mm, dt.
ISBN 978-3-7445-0309-9

MICHAELA PFADENHAUER
Peter L. Berger
Klassiker der Wissenssoziologie, 17
2010, 136 S., 185 x 120 mm, dt.
ISBN 978-3-7445-0325-9

DARIUŠ ZIFONUN
Hans-Georg Soeffner
Klassiker der Wissenssoziologie, 18
2020, 184 S., 185 x 120 mm, dt.
ISBN 978-3-7445-1963-2

RENÉ SALOMON / ANDREAS GÖBEL
Niklas Luhmann
Klassiker der Wissenssoziologie, 19
2024, ca. 150 S., 185 x 120 mm, dt.
ISBN 978-3-7445-1981-6

MARTIN ENDRESS
Max Weber
Klassiker der Wissenssoziologie, 20
2024, ca. 150 S., 185 x 120 mm, dt.
ISBN 978-3-7445-1995-3

Weitere Bände in Vorbereitung!

HERBERT VON HALEM VERLAG
Boisseréestr. 9-11 50674 Köln
http://www.halem-verlag.de
info@halem-verlag.de